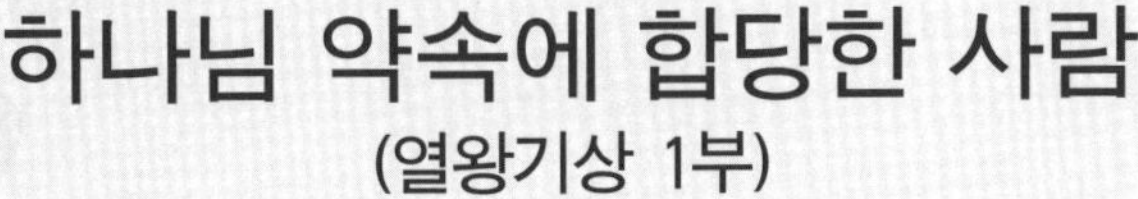

하나님 약속에 합당한 사람

(열왕기상 1부)

특별히 ______________________ 님께

이 소중한 책을 드립니다.

「하나님께 더 가까이」 시리즈 ❶

하나님 약속에 합당한 사람

(열왕기상 1부)

나종원 목사 지음

나침반

머릿말

하나님을 더욱 깊이 알고
하나님께 더욱 가까이!

사도 바울은 “믿음은 들음에서 나며 들음은 그리스도의 말씀으로” (로마서 10:17)라고 했습니다.

우리는 매일 믿음이 자라고 성장하기를 바랍니다.

또 우리의 믿음은 자라고 성장해야 합니다.

믿음은 정체되거나 그 자리에 멈추어 서 버리면 안됩니다.

믿음은 매일 자라고 성장해야만 합니다.

그것이 주님이 원하시는 것이며 우리들의 바람입니다.

믿음이란 하나님의 말씀을 먹고 들음에서 생겨납니다.

그것은 사도들도 인정하고 공감하는 바입니다.

“갓난 아기들 같이 순전하고 신령한 젖을 사모하라
이는 그로 말미암아 너희로 구원에 이르도록 자라게
하려 함이라”(베드로전서 2:2)

하나님의 말씀은 우리의 믿음이 자라는데 절대 필요한

자양분입니다. 하나님의 말씀을 먹고 들음이 없이 믿음은 자라지 않습니다.

저는 이 교재가 하나님을 더욱 깊이 알아가기를 원하는 많은 성도님들께 디딤돌이 되기를 원합니다. 이 교재를 통하여 성도님들의 믿음이 성장하며 자라기를 소망하며 하나님께 더욱 가까이 나가시는데 밑거름이 되었으면 합니다.

이 교재를 통하여 신학적 지식을 전달하기보다 하나님 말씀 그 자체를 전달하고자 애썼습니다. 이 교재를 통하여 하나님을 뜨겁게 만나시기를 축복하며 하나님께서 기뻐하시고 원하시는 믿음의 사람으로 서게 되시기를 기도합니다.
이 교재는 그룹이나 개인 성경 공부용 교재입니다.
청년부, 대학부, 구역 성도님들, 제자훈련과 성경을 더 깊이 배우고 공부하기를 원하는 모든 분들을 위한 성경교재입니다.
하나님의 말씀을 통하여 하나님께로 더 가까이 나가게 되기를 축복합니다.

하나님께 더 가까이…

나종원 목사

목차

겸손하게 삽시다

성경: 열왕기상 1:1-6 / 찬송: 449(예수 따라가며)

다윗 왕은 나이가 많아 노쇠하여 더이상 국정수행이 불가능해졌습니다. 이제 다윗시대는 저물고 새로운 시대가 오고 있음을 말해 줍니다. 왕권승계를 앞두고 권력암투가 벌어지는데 아도니야가 아버지의 왕권에 대하여 욕심을 냅니다. 그러나 하나님은 이미 솔로몬을 다윗의 후계자로 정하셨습니다. 그럼에도 불구하고 아도니야는 하나님의 뜻을 거역해 가면서 왕권에 대한 탐욕을 포기하지 않습니다. 왜냐하면 그가 생존하는 왕자들 가운데 제일 연장자이며 마음속에 왕권에 대한 인간적인 탐욕을 품고 있기때문입니다.

1. 아도니야

1. 다윗 왕의 상황은 어떠합니까(왕상1:1-4)?
   그가 왕으로서 왜 더 이상 국정을 수행하기가 어려운지를 말해 봅시다(왕상1:1).

다윗은 나이가 많아 늙었습니다. 그는 30세에 왕이 되어 헤브론에서 7년을, 예루살렘에서 33년을 통치했으므로 70세의 나이가 됩니다(대상29:27).

2. '그 때에'란 어떤 때를 말합니까(왕상1:5; 1-4절)?
아도니야의 목적은 무엇입니까(왕상1:5)?

'그 때에'란 다윗의 노환으로 더 이상 국정을 수행하기가 어려운 때를 말하며, 아도니야의 목적은 아버지의 왕위를 찬탈하는 것입니다.

3. 아도니야는 어떤 인물입니까(왕상1:5,6; 삼하3:4)?

아도니야는 다윗의 넷째 아들이며 이미 죽은 형들(암논, 길르압, 압살롬) 다음의 가장 연장자였습니다.

2. 왕권도전

1. 아도니야가 왕이 되고자 했던 '심리적 동기'는 무엇입니까(왕상1:5a)?

아도니야는 자기 자신을 높였습니다. 이것은 아도니야가 자신의 분수를 넘어 교만하게 행동했음을 의미합니다. 그의 반란의 동기는 교만한 마음이었습니다.

❶ 교만한 자들의 특징을 말해 봅시다(단5:20, 잠3:7)

2. 아도니야가 왕이 되고자 했던 또다른 인간적인 이유는 무엇일까요?

다윗의 왕자들 중에 첫째 암논과 둘째 다니엘(길르압), 셋째 압살롬은 이미 죽었습니다(삼하13:29; 18:14,15; 대상3:1). 왕위 승계 서열상 살아있는 왕자들중 가장 연장자는 아도니야입니다. 그는 이스라엘의 장자권을 내세우며 인간적인 논리로 하나님의 뜻을 거역하며 왕이 되고자 했습니다.

3. 아도니야가 왕이 될 수 없는 까닭은 무엇입니까(대상22:9,10)?

하나님은 다윗에게 장차 왕위를 계승할 자는 솔로몬임을 말씀하셨습니다. 그러므로 아도니야는 다윗 왕을 이을 차기 왕이 될수 없습니다. 그런데도 그가 스스로를 높여 왕이 되고자 한 것은 하나님의 뜻과 계획하심을 정면으로 거역하고 도전하는 행위입니다.

❶ 교만이 왜 무서운 죄인지를 생각해 봅시다(잠16:18).

❷ 당신의 생각과 계획이 하나님의 뜻에 위배되거나 맞지 않을 때 어떻게 행동하시겠습니까(마26:39; 행16:7)?

3. 다윗의 자녀교육

1. 이스라엘의 왕이 될 자격은 무엇입니까(왕상1:6a; 삼상13:14b; 삼상16:7)?

이스라엘의 왕들은 반드시 장자가 왕이 되는 것은 아닙니다. 이스라엘의 왕이 될 자격은 하나님의 뜻에 의해 결정이 됩니다. 하나님의 선택은 인간적인 조건에 있지 않습니다.

2. 아도니야에 대한 다윗의 자녀교육은 어떠하였습니까(왕상1:6b)?

'섭섭하게'라는 말은 히브리어 '예체브'에서 유래한 말로 육체적 정신적 고통(pain), 마음을 아프게 하는 것(hurting)을 의미입니다. 여기서 고통과 아픔은 다윗이 아버지로서 아도니야에게 행하는 자녀에 대한 훈육이나 징계를 말합니다. 그런데 다윗은 아도니야에 대한 적절한 질책이나 훈육을 하지 않았습니다. 그것도 다윗의 생애에 단 한번도 아도니야를 위한 훈육이 행해지지 않았습니다. 이것이 아도니야를 더욱 비뚤게 나아가게 했습니다.

❶ 자녀들에게 적절한 훈육과 질책을 포기하는 것이 과연 자녀들에게 유익한 것인지를 생각해 봅시다.

3. 성경이 우리에게 말씀하시는 '올바른 자녀교육'은 무엇입니까 (잠13:24; 22:6,15; 23:13,14; 29:15)?

성경에서 말씀하시는 적절한 훈육은 상식을 벗어나는 폭력이나 폭언, 가혹한 매질을 의미하지 않습니다. 그러나 성장하는 아이를 훈계하고 바로 잡아 주기 위해 '적절한 수준의 징계와 책망'이 필요함을 말씀합니다.

아도니야는 아버지 다윗에게 적당한 때에 적절한 훈육을 받지 않고 자란 것입니다. 그래서 그는 자신이 원하는 것을 얻기 위해 하나님의 뜻도 거역하는 제멋대로 자란 인간이 된 것입니다. 적절한 훈육없이 자란 아이는 잘못된 인성을 가진 성인으로 성장합니다. 성인이 된 잘못된 인격을 바로 잡아 주기는 불가능에 가까울 정도로 어렵습니다.

❶ 자녀에 대한 적절한 훈육과 책망이 왜 필요한지를 다시한번 생각해 봅시다(히12:6,8 ; 엡6:1,4).

정리하며

아도니야는 다윗의 생존하는 아들들 가운데 제일 연장자입니다. 그러나 하나님은 그를 왕으로 택하지 않으셨습니다. 그럼에도 불구하고 아도니야는 스스로 자신을 높여 왕이 되고자 했습니다. 이것은 하나님의 뜻을 거역하는 행위이기에 중대한 범죄입니다. 또한 아도니야는 하나님의 뜻에 순복하는 겸손한 마음을 가지기 보다 분수를 넘어 교만했습니다. 여기에는 아도니야에 대한 다윗의 자녀교육에 중대한 문제가 있음을 지적합니다. 다윗은 아도니야를 양육하며 단 한번도 그에게 적절한 훈육이나 질책을 하지 않았습니다. 다윗이 신앙적으로 존경받는 지도자였지만 자녀교육에 있어서는 성공적이지 못한 왕이었습니다. 다윗은 아도니야에게 적절한 훈육과 질책을 소홀히 함으로 아도니야를 망치게 된 것입니다.

1. '아도니야의 반란'과 '다윗의 자녀교육의 방식'이 어떤 관계를 가지고 있는지 말해 봅시다.

2. 당신은 가정에서 자녀들을 어떻게 양육하며 지도하고 있습니까?

3. 당신은 자녀들에 대한 '적절한 교육철학'을 가진 부모입니까?

♡ "교만은 패망의 선봉이요 거만한 마음은 넘어짐의 앞잡이니라"(잠 16:18)

2

하나님의 뜻에 순복하며 삽시다

성경: 열왕기상 1:7-53 / 찬송: 425(주님의 뜻을 이루소서)

아도니야는 솔로몬을 왕으로 세우고자 하시는 하나님의 뜻을 거역하고 자신의 뜻을 따르고 추종하는 자들과 함께 왕권을 찬탈하기 위해 반란을 음모합니다. 그러나 아직도 다윗의 왕국에는 하나님의 뜻을 따르며 말씀을 우선적으로 순종하는 신실한 믿음의 사람들이 존재합니다. 요압과 아비아달은 하나님의 뜻을 거역하고 아도니야와 손을 잡습니다. 하지만 나단은 하나님의 뜻을 지키고 수호하는 일에 적극적인 열정을 나타냅니다. 아도니야의 헛된 야망은 실패로 끝이 나고 하나님의 뜻은 그 말씀하신 바대로 반드시 이루어집니다.

1. 아도니야의 모반

1. 아도니야의 모반(謀反)을 도운 이들은 누구입니까(왕상1:7)?

아도니야를 도운 대표적인 인물로는 군대장관 요압과 대제사장 아비아달이 있습니다. 요압은 언제나 하나님의 뜻보다는 자신의 인간적인 욕심에 따라 움직였던 사람이고 지금도 그렇습니다. 대제사장 아비아달은 저주받은 엘리 가문의 후손입니다. 모반에 가담한 이들은 한결같이 거역하고 불순종하는 사람들의 모임이었습니다.

2. 아도니야의 모반을 돕고 지지하는 것은 왜 잘못된 행동입니까(대상 22:9,10; 잠16:5; 24:21,22)?

이것은 결정적으로 하나님의 뜻을 대적하는 행위입니다. 또한 다윗왕의 뜻과도 반대되는 행위입니다.

3. 아도니야를 따르지 아니한 사람들은 누구입니까(왕상1:8)? 이들이 아도니야를 지지하지 않은 까닭은 무엇일까요(대상 22:9,10; 시1:1)?

이들은 전적으로 다윗의 뜻을 따르는 자들이며 또한 하나님의 뜻에 순종하는 사람들입니다. 하나님의 뜻을 거역하고 반역하는 행위를 할 수는 없는 것입니다.

2. 아도니야의 자축

1. 아도니야가 자신의 동생들과 왕의 신하들을 불러 잔치를 베푼 이유는 무엇입니까(왕상1:9)?

이 잔치는 아도니야 자신을 왕으로 추대하기 위한 준비작업입니다. 잔치를 통하여 서로의 단합과 결속을 다지는 것입니다.

2. 아도니야의 잔치에 초청을 받지 못한 사람들은 어떤 사람들입니까(왕상1:8,10; 대상22:9,10)?

이들은 솔로몬을 왕으로 세우시는 하나님의 뜻을 따르는 사람들이며 솔로몬이 다윗의 뒤를 이을 정당한 왕위 계승자임을 인정하는 사람들입니다. 따라서 아도니야의 거사가 반란이라고 생각하는 사람들입니다.

3. 위의 두 그룹으로 나누어진 기준은 무엇입니까(마26:39b)?

아도니야의 그룹은 하나님의 뜻을 좇지 않고 인간적인 욕망을 좇는 그룹입니다. 이들은 하나님께 불순종하고 반역하는 모임입니다. 나단과 사독의 그룹은 하나님의 뜻을 받들고 순종하는 그룹입니다. 이들은 하나님의 말씀을 우선적으로 내세우는 모임입니다.

❶ 당신은 어떤 길에 서시겠습니까(시1:6)?
사람들은 왜 아도니야같은 그룹에 속한다고 생각하십니까?(약1:14)?

3. 솔로몬의 즉위

1. 아도니야의 반란을 막기 위해 누가 나섰습니까(왕상1:11)?

선지자 나단은 다윗에게 언제나 하나님의 뜻을 전하여 준 선지자입니다. 다윗이 밧세바를 취하여 범죄했을 때도 준엄하게 하나님의 말씀을 전하여 책망한 것도 나단이고 솔로몬이 다윗의 후계자가 된다는 하나님의 계획을 강력하게 지지하는 인물도 나단입니다.

2. 나단이 밧세바에게 당부한 내용은 무엇입니까(왕상1:13)?
나단이 밧세바를 통하여 다윗 왕에게 상기시키고자 했던 내용은 무엇입니까(왕상1:13)?

솔로몬이 하나님께서 세우신 후계자임을 상기시키는 것입니다. 다윗 자신도 밧세바에게 하나님의 뜻을 좇아 솔로몬이 후계자가 될 것임을 약속했습니다.

3. 밧세바가 다윗 왕에게 찾아가 확인시킨 약속은 무엇입니까(왕상1:16-18)?

4. 아도니야의 반역사건에 대하여 다윗 왕의 결단은 무엇입니까(왕상1:32-35)?

다윗은 솔로몬에게 기름을 부어 자신을 이어 공식적인 왕이 될 것을 명령합니다. 이로써 솔로몬은 다윗의 왕위를 이어 통일 이스라엘의 3대왕이 됩니다(사울, 다윗, 솔로몬).

5. 아도니야의 반란은 어떻게 됩니까(왕상1:49-53)?
사람이 자신의 분수를 넘어서 교만하면 어떻게 됩니까(왕상1:52,53; 잠29:23a)?

아도니야가 왕이 되려고 한 것은 자신의 분수를 넘어서는 일일 뿐만 아니라 하나님의 뜻을 거역하고 거스르는 행동이었습니다. 하나님의 뜻을 거역하는 행동은 가장 큰 교만입니다. 교만에 기초한 잘못된 탐욕은 도리어 자신에게 화와 재앙만을 초래할 뿐입니다.

❶ 교만한 자의 결국에 대하여 말해 봅시다(잠16:18; 29:23).

정리하며

아도니야의 인간적인 야심을 두고 다윗의 왕국은 두 분류의 그룹으로 나뉘어졌습니다. 한 분류는 하나님의 뜻을 거역하고 불순종하며 자신의 인간적인 욕망을 추구하는 집단이고 다른 한 분류는 마지막까지 하나님의 뜻을 존중하고 하나님의 말씀에 순종하는 집단입니다.
오늘날에도 두 분류의 사람들이 존재합니다. 자신의 이기적인 욕망에 따라 하나님의 뜻을 거역하고 불순종하는 사람들이 존재합니다. 그러나 인간적인 야심이나 욕심보다는 하나님의 뜻을 우선시하고 하나님의 말씀에 순종하는 사람들도 존재합니다. 선택은 본인의 몫입니다. 불순종하는 사람들은 불순종하는 사람들끼리 모이고 나단과 사독같은 믿음의 사람들은 하나님의 말씀에 순종하는 사람들끼리 모입니다. 그래서 '유유상종(類類相從)'이라는 말이 있습니다. 그 친구를 보면 그 사람을 안다고 했습니다. 불순종하는 성향의 사람들은 불순종하는 자와 가까워지게 마련이고 순종하는 사람은 순종하는 사람에게 가까워지는 것입니다.

당신은 신앙생활 가운데 하나님의 뜻과 말씀에 순종하는 사람들과 가까이 합니까?
아니면 인간적인 생각들과 야심을 이루는 사람들과 주로 교제를 나누고 있습니까?

"조금 나아가사 얼굴을 땅에 대시고 엎드려 기도하여 이르시되 내 아버지여 만일 할 만하시거든 이 잔을 내게서 지나가게 하옵소서 그러나 나의 원대로 마시옵고 아버지의 원대로 하옵소서 하시고"(마 26:39)

3

복된 길로 갑시다

성경: 열왕기상 2:1-4 / 찬송: 546(주님 약속하신 말씀 위에 서)

모든 사람은 죽습니다. 다윗도 죽을 날이 임박하여 자신의 아들 솔로몬에게 마지막 유언을 합니다. 먼저 자신의 죽음에 대하여 다윗은 담담한 태도를 보입니다. 그리고 그는 솔로몬과 그의 후손들에게 당부합니다. 앞으로 이스라엘의 왕들은 하나님의 말씀을 통치와 삶의 표준으로 삼을 것을 유언합니다. 이것이 다윗의 길입니다. 하나님의 말씀에 대한 순종만이 다윗왕조의 성공과 형통의 길이라는 것을 주지시킵니다.

1. 모든 사람이 가는 길

1. 다윗은 다가오는 자신의 죽음을 어떻게 표현합니까(왕상2:2)?

다윗은 자신의 임박한 죽음을 앞두고 두려워하거나 회피하고자 하는 자세가 아니었습니다. 그는 죽음에 대해 살아있는 모든 사람들이 언젠가 가야 하는 길로 자연스럽게 받아 들이고 있습니다.

2. '세상 모든 사람이 가는 길'이란 무엇을 의미합니까(왕상2:2; 수23:14, 히9:27)?

이것은 '죽음'을 의미하며 죽음이란 모든 인간들에게 동일하게 정해진 운명입니다. 아무도 죽음을 피해 갈 수는 없습니다.

3. 아버지의 죽음을 앞둔 솔로몬에게 다윗이 당부한 자세는 무엇입니까(왕상2:2b)?
죽음에 대한 바른 성경적인 이해와 태도는 무엇입니까?

어떤 사람들은 죽음에 대해 말하거나 생각하는 것조차 꺼리거나 회피합니다. 그러나 이는 성경적인 태도가 아닙니다. 다윗은 자신의 종말이 가까워 옴을 보며 죽음에 대해 객관적으로 맞을 준비를 했습니다. 하나님은 우리의 인생에 시작과 함께 마지막 날도 준비해 두셨습니다(창3:19).

❶ 당신은 죽음에 대하여 어떤 자세를 가지고 있습니까(고전 15:13-19; 계14:13)?

❷ 죽음을 회피하거나 두려워하는 사람들의 근본적인 문제는 무엇일까요(요11:25,26)?

2. 다윗의 유언

1. 다윗은 솔로몬에게 무엇을 당부합니까(왕상2:3)?

다윗이 임종을 앞두고 솔로몬에게 당부한 것은 오직 하나님의 말씀에 대한 충성과 순종이었습니다.

2. 다윗은 솔로몬에게 '통치철학의 표준'으로 삼아야 할 근본적인 원리는 무엇이라고 유언합니까(왕상2:3a)?

법률과 계명과 율례와 증거들은 모두 하나님의 말씀을 강조하는 표현들입니다. 다윗은 솔로몬에게 하나님의 말씀을 통치의 근본으로 삼아야 한다고 유언합니다.

3. 다윗은 솔로몬에게 어떤 길을 가야 할 것을 명령합니까(왕상2:3a, 마7:13-14)?

3. 왕권에 대한 약속

1. 하나님의 말씀을 좇는 자들에게 주신 약속의 복은 무엇입니까(왕상2:3c)?

'형통'이라는 말은 히브리어로 '사칼'이라 하며, 신중하고 분별있게 행동하는 것, 좋은 결과가 있도록 성공적으로 행동하는 것을 의미합니다. 솔로몬이 하나님의 말씀을 통치와 삶의 표준으로 삼는 것이 형통의 길이며 잘되고 성공적인 길이라는 의미입니다.

2. 하나님께서 다윗의 자손들에게 원하시는 것은 무엇입니까(왕상2:4a)?

'마음을 다하고 성품을 다하여 하나님을 사랑하고 경외한다'는 말씀은 신명기 6장 5절 말씀에 기록된 것입니다. 즉 이스라엘 백성들뿐만 아니라 왕들도 마땅히 하나님의 말씀에 충성하고 순종하는 길만이 형통의 길임을 말씀합니다.

3. 다윗왕가의 계속성과 번영은 무엇에 달려 있습니까(왕상2:4)?

하나님은 다윗왕가의 계속성과 번영에 대하여 '무조건적인 약속'을 주신 것이 아닙니다. 다윗 왕가가 하나님의 언약에 불충하고 불성실하면 형통하지 못할 것임을 경고합니다. 따라서 솔로몬과 다윗의 후손들이 하나님의 말씀에 순종하고 하나님의 언약위에 굳게 서 있을 때 형통과 번영을 약속받는 것입니다. 그러나 이후에 다윗의 후손들은 하나님의 언약을 성실하게 붙들지 않고 불순종함으로 왕국이 분열되고 종국에는 남북이스라엘의 멸망으로 이르게 됩니다.

정리하며

다윗은 자신의 죽음에 임박하여 아들 솔로몬에게 오직 하나님의 말씀에 대한 충성과 순종을 당부했습니다. 다윗왕가의 형통은 하나님의 언약의 말씀위에 굳게 서 있을 때 가능한 것입니다. 이것이 다윗이 솔로몬에게 당부한 유언이고 열왕들에게 주어진 거룩한 의무인 '다윗의 길'입니다.

열왕기서는 크게 두가지 길을 우리들에게 제시합니다. 하나는 '다윗의 길'이고 다른 하나는 '여로보암의 길'입니다. 다윗의 길은 하나님의 말씀에 순종하고 충성하는 길입니다. 그러나 북이스라엘의 초대왕인 여로보암의 길은 하나님의 말씀에 불순종하고 불충하는 길입니다. 여로보암의 길은 또한 우상숭배의 길입니다. 하나님은 열왕기에서 이스라엘 백성들과 열왕들에게 다윗의 길을 기뻐하시고 명령하셨습니다.

다윗의 길은 말씀에 대한 순종의 길이요 생명의 길입니다.

우리가 이 세상에서 형통하며 행복하게 살아 갈 비결은 '다윗의 길'에 있습니다.

1. 다윗이 솔로몬에게 당부한 '다윗의 길'이 무엇인지 다시한번 정리해 봅시다.

2. 우리가 이 나그네 인생에서 형통하고 복되게 살아 갈수 있는 영적인 비결은 무엇입니까(왕상2:3)?

"복 있는 사람은 악인들의 꾀를 따르지 아니하며 죄인들의 길에 서지 아니하며 오만한 자들의 자리에 앉지 아니하고 오직 여호와의 율법을 즐거워하여 그의 율법을 주야로 묵상하는도다"(시1:1,2)

권위에 순복합시다

성경: 열왕기상 2:5-6 / 찬송: 284(오랫동안 모든 죄 가운데 빠져)

다윗은 그의 유언속에서 세 사람의 인물을 언급합니다. 다윗이 자신의 유언에서 언급한 세 사람은 요압, 바르실래, 시므이입니다. 다윗은 솔로몬에게 이 사람들에 대한 상벌을 당부합니다. 요압은 다윗의 조카이며 다윗의 정권에서 많은 공을 세웠습니다. 그러나 요압은 독단적이고 이기적인 행동으로 다윗에게 많은 고통과 아픔을 준 인물이기도 합니다. 요압의 제멋대로의 행동은 결국 하나님의 뜻마저도 무시하고 거역하는 단계에 까지 이릅니다.

다윗은 장차 솔로몬의 정권에 방해가 될 위험한 인물 요압을 제거할 것을 솔로몬에게 유언합니다.

1. 스루야의 아들

1. 다윗과 요압은 어떤 관계에 있습니까(왕상2:5a; 대상2:16)?

스루야는 다윗의 누이입니다. 그리고 요압은 스루야의 맏아들이었습니다.
요압은 다윗의 조카입니다.

2. 다윗은 솔로몬에게 요압에 대한 처벌을 요구합니다. 요압이 행한 두가지 잘못은 무엇입니까(왕상2:5; 삼하3:27,삼하20:10)?

요압은 넬의 아들 아브넬과 예델의 아들 아마사를 살해했습니다. 아브넬은 사울과 그의 아들 이스보셋의 군대장관이었습니다. 아마사도 다윗의 조카였습니다. 한때 압살롬의 반란군의 군대 사령관이었고 다윗에게 용서를 받은 후 그의 군대 장관이 됩니다. 그러나 요압은 군대장관인 아마사를 시기하고 그를 살해합니다.

3. 요압이 아브넬과 아마사를 죽인 것은 어떤 시대였습니까(왕상 2:5b)?
이것은 어떤 문제가 있습니까?

요압이 아브넬과 아마사를 죽인 것은 전쟁의 상황에서 죽인 것이 아니라 평화의 시기에 개인적인 감정과 질투심으로 이들을 살해했습니다. 이것은 군인으로서 정상적인 업무수행이 아니라 사적인 살해행위였기에 불법이 됩니다.

2. 독단적인 요압

1. 요압이 아브넬을 살해한 동기는 무엇입니까(삼하3:30)?
   다윗은 아브넬의 죽음에 어떤 관계가 있습니까(삼하3:26)?

요압은 아브넬을 살해 할 때 다윗의 허락없이 독자적으로 판단하고 행동했습니다. 다윗은 아브넬을 죽이려는 마음이 전혀 없었습니다. 오히려 그와 힘을 합쳐 일을 하려고 했습니다. 그러나 요압은 왕의 뜻을 무시하고 아브넬을 살해 한 것입니다. 요압이 아브넬을 죽인 것은 자신의 동생 아사헬을 죽인 아브넬에 대한 개인적인 복수였습니다. 이것은 사적인 보복이었던 것입니다.

2. 다윗이 요압과 아비새와 잇대에게 명령한 내용은 무엇이었습니까(삼하 18:12)?
누가 압살롬을 죽입니까(삼하18:14)?

다윗은 이들에게 자신의 아들 압살롬을 죽이지는 말라고 명령했습니다.
그러나 요압은 왕의 명령을 거역합니다. 요압은 왕의 명령을 존중하거나 별로 개의치 않습니다. 그는 종종 다윗 왕의 권위를 무시하는 안하무인의 존재였습니다.

3. 요압은 다윗에게 어떤 존재였습니까(삼하3:39)?

다윗은 왕명도 거침없이 거역하는 요압에 대해 하나님께서 심판해 주실 것을 간구합니다. 이것이 다윗의 유언속에 요압이 등장하는 이유가 될 것입니다. 그래서 다윗은 솔로몬 정권에도 걸림돌이 될 요압을 제거하라고 명령합니다.

3. 요압의 최후

1. 요압이 행한 또다른 죄악은 무엇입니까(왕상1:7)?

요압은 왕위계승문제에도 깊숙이 개입하여 하나님의 뜻을 거역하고 아도니야를 왕으로 세우고자 했습니다. 이것은 역시 다윗왕의 뜻과도 반대되는 행위였습니다.

2. 요압의 행동은 하나님의 뜻과 왕의 권위도 무시하는 것입니다. 그것은 무엇입니까(대하22:9,10)?

솔로몬은 하나님의 뜻을 좇아 왕이 될 사람입니다.
요압은 자신의 이해와 계산에 따라 왕의 권위뿐만이 아니라 하나님의 뜻과 권위도 아랑곳하지 않는 반역적인 인물입니다. 그는 왕의 명령에 순복하는 사람도 아니고 하나님의 뜻을 좇고 존중하는 그런 사람도 아닙니다.
요압은 철저하게 자신의 이해와 계산대로만 움직였던 사람입니다.

그러기에 그는 철저히 독단적이고 이기적인 인물입니다.

3. 다윗은 솔로몬에게 요압에 대하여 어떤 명령을 내립니까(왕상 2:6)?
하나님의 뜻과 왕의 명령을 거역하던 요압은 어떻게 됩니까 (왕상2:28-34).

하나님의 뜻을 거역하고 왕의 명령을 무시한 채 독단적으로 행동하는 요압의 말년은 비참한 최후를 맞이하게 됩니다. 자신의 이기적인 욕심과 이해관계만 계산하며 추종하던 요압은 결국 자멸하고 맙니다.
요압이 하나님의 뜻과 왕의 권위를 존중하고 살았다면, 그의 생애는 한층 더 아름답게 마무리되었을 것입니다(잠18:12; 23:7).

정리하며

요압은 다윗의 조카로서 다윗의 정권에서 많은 공을 세운 것은 사실입니다. 그러나 요압은 개인적인 행동들로 인해 다윗에게 많은 고통과 아픔을 주었습니다. 아브넬과 아마사, 다윗의 아들 압살롬의 살해가 바로 그것입니다. 그리고 요압은 하나님과 다윗의 뜻과는 반대되는 아도니야를 왕으로 옹립하고자 하는 음모에도 깊숙이 개입하였습니다.
요압은 다윗왕의 뜻을 좇고 순종하는 그런 인물이 아니었습니다. 심지어 요압은 하나님의 뜻도 거역하고 불순종하는 인물이었습니다.
요압의 행동의 기준은 언제나 자신의 이기적인 욕심과 독단적인 계산이었습니다. 그로인해 그의 말년은 오히려 비참한 최후를 맞이하게 됩니다.

1. 요압이 어떤 점에서 잘못되었는지를 다시한번 정리해 봅시다. 우리 자신이 좋은 믿음의 사람이 되기 위해 경계해야 할 것은 무엇일까요?

2. 당신은 자신의 이해관계에 밝은 사람입니까? 아니면 하나님의 뜻을 순종하고 공동체의 유익을 먼저 구하는 사람입니까?

"각 사람은 위에 있는 권세들에게 복종하라 권세는 하나님으로부터 나지 않음이 없나니 모든 권세는 다 하나님께서 정하신 바라 그러므로 권세를 거스르는 자는 하나님의 명을 거스름이니 거스르는 자들은 심판을 자취하리라"(롬13:1,2)

선행을 베풀며 삽시다

성경: 열왕기상 2:7 / 찬송: 492(잠시 세상에 내가 살면서)

다윗이 압살롬의 반란을 피해 마하나임으로 도망을 갔을 때 바르실래가 마중을 나와 다윗과 다윗일행에게 선행을 베풀고 공궤를 했습니다.

바르실래는 정성껏 다윗을 공궤했고 그가 마하나임에 머무는 동안 그의 공궤는 계속해서 이어졌습니다. 다윗은 바르실래가 자신이 어려울 때 베풀어준 선행과 사랑을 잊지 못합니다. 그는 아들 솔로몬에게 바르실래가 자신에게 보여준 그 사랑에 대하여 왕의 은총을 베풀어 갚아 줄 것을 유언합니다.

1. 바르실래

1. 바르실래는 어떤 사람입니까(왕상2:7; 삼하17:27; 19:32)?

압살롬이 반란을 일으켰을 때 다윗은 반란을 피해 도망을 가게 되었습니다. 다윗이 마하나임에 이르렀을 때 여러 사람이 다윗을 영접하러 나왔는데 그 중에 한 사람이 바르실래였습니다.

2. 압살롬의 난을 피해 도망갈 때 다윗의 형편은 어떠했습니까(삼하 15:30)?

압살롬의 난은 다윗 통치시기에 가장 힘든 시련과 위기상황을 안겨 주었습니다.

3. 바르실래가 다윗에게 나아올 때에 무엇을 가지고 왔습니까(삼하 17:28,29)?

바르실래가 다윗에게 제공한 물품들은 압살롬에게 쫓기는 다윗에게 귀중한 힘이 되었습니다. 다윗은 급하게 도망을 나왔고 필요한 물품들을 제대로 갖추지 못했을 것입니다. 그런 그에게 바르실래가 베풀어준 사랑은 다윗에게 큰 위로와 도움이 된 것입니다.

❶ 힘들고 어려운 처지에 있는 분들에게 진실한 사랑은 무엇일까요(약 2:15-17)?

2. 복을 심은 사람

1. 다윗은 솔로몬에게 바르실래의 선행을 어떻게 갚으라고 유언합니까(왕상2:7a)?

'왕의 상에서 먹는다'는 것은 '가장 존귀한 사람으로 대접받는다'는 것을 의미합니다. 다윗은 솔로몬에게 바르실래를 왕이 베풀 수 있는 최상의 방법으로 예우하라고 명령합니다.

2. 바르실래는 다윗을 얼마나 도왔습니까(삼하19:32)?

바르실래는 다윗일행이 마하나임에 머무는 동안 지속적으로 공궤를 했습니다. 그의 공궤는 일회적이거나 형식적인 그런 것이 아니라 상당한 기간동안 이어진 엄청난 헌신이었습니다.

❶ 바르실래의 공궤를 통하여 볼 때 진정한 섬김의 자세에 대해 말해 봅시다.

3. 당신이 누군가에게 '베푼 선행'이나 '받은 특별한 은혜'가 있다면 함께 나누어 봅시다.

3. 은총을 받을 사람

1. 압살롬의 반란이 진압이 되고 난후 다윗은 다시 예루살렘으로 복귀합니다. 이때 다윗은 바르실래에게 어떤 제안을 합니까(삼하19:33)?

다윗은 바르실래에게 함께 예루살렘으로 갈 것을 권유합니다. 자신이 바르실래를 예루살렘에서 공궤하겠다고 제안합니다.

2. 그러나 바르실래는 왕에게 어떻게 대답합니까(삼하19:34-36)?

바르실래는 참으로 욕심이 없는 사람입니다. 그는 다윗 왕에게 어떠한 보답이나 상을 바라고 공궤를 행한 것이 아니었습니다. 그의 공궤는 순수한 마음에서 우러 나온 것입니다. 그러기에 그의 선행이나 공궤는 더욱 아름답습니다. 또한 그는 권력욕과 명예욕에서 자유한 사람임을 알 수가 있습니다.
바르실래는 예루살렘의 정치에도 관심이 없는 사람이었습니다.

3. 바르실래는 다윗에게 누구를 추천합니까(삼하19:37)?

김함은 바르실래의 아들입니다. 바르실래는 왕에게 자신을 대신하여 아들에게 은총을 베풀어 주실 것을 요청합니다. 바르실래가 다윗에게 베푼 선행이 그의 아들에게 복이 되어 되돌아 옵니다.

❶ 우리가 누군가에게 선행을 베풀고 선한 일을 하며 살아야 하는 까닭은 무엇입니까(전11:1)?

정리하며

바르실래는 길르앗의 거대한 부자였습니다. 그러나 그는 자신의 부를 자기 자신만을 위해 사용하지 않았습니다. 그는 자신의 부를 다윗을 통하여 하나님의 나라와 그의 의를 위해 기꺼이 사용한 사람입니다. 하나님께서 우리들에게 물질을 주시고 재물을 주신 것은 자기 자신만을 위해 사용하라고 주신 것이 아닙니다. 그것은 힘들고 어려운 이웃들과 나누고 베풀며 선한 일과 복음사역을 위하여 아름답게 사용하라고 우리에게 맡기신 것입니다.

바르실래는 다윗이 힘들고 어려울 때 돕고 선행을 베풀었습니다.

그는 다윗에게 아무런 조건없이 공궤를 하고 선행을 베풀었습니다.

바르실래가 다윗에게 베푼 선한 일은 후일에 그의 아들 김함에게 복이 되어 되돌아옵니다. 그는 다윗에게 보답을 원하지 않았지만 그의 공궤는 왕의 은총으로 되돌아 옵니다.

1. 바르실래가 다윗에게 은총을 받게 된 이유를 정리해 봅시다.

2. 사람은 살면서 자신의 삶에서 무엇을 거두게 됩니까(잠언1:31; 갈6:7)?

3. 당신은 삶가운데 얼마나 선행과 나눔을 심으며 살고 있습니까?

♡ "네가 이 세대에서 부한 자들을 명하여 마음을 높이지 말고 정함이 없는 재물에 소망을 두지 말고 오직 우리에게 모든 것을 후히 주사 누리게 하시는 하나님께 두며 선을 행하고 선한 사업을 많이 하고 나누어 주기를 좋아하며 너그러운 자가 되게 하라 이것이 장래에 자기를 위하여 좋은 터를 쌓아 참된 생명을 취하는 것이니라"(딤전6:17-19)

6

심은 대로 거둠을 압시다

성경: 열왕기상 2:8-9 / 찬송: 342(너 시험을 당해)

다윗이 압살롬의 반란을 피하여 도망을 갈 때 사울의 친족인 시므이가 나타나 다윗에게 악독한 말로 저주를 합니다. 시므이는 다윗과 그 일행들을 향해 돌까지 던지는 악행을 합니다. 그러나 다윗은 시므이의 잘못된 행동에 대하여 즉각적인 보복을 삼가합니다. 오히려 다윗은 시므이의 악행을 하나님의 심판에 맡깁니다. 그는 시므이의 조롱과 저주에 맞서 흥분하거나 이성을 잃지 않고 자신의 마음을 통제하며 성숙된 마음으로 이 상황을 잘 극복하고 이겨냅니다.

1. 시므이

1. 시므이는 어떤 사람입니까(왕상2:8a; 삼하16:5)?

시므이는 베냐민 지파 출신이며 사울 가문의 사람입니다. 그는 사울 가문의 몰락을 다윗 탓으로 생각하는 사람입니다.

2. 압살롬의 반란때 시므이가 다윗왕에게 행한 죄악은 무엇입니까(왕상2:8)?

시므이는 다윗이 압살롬의 반란을 피하여 도망을 갈 때 나타나 악독한 말로 다윗을 저주했습니다. '악독한 말'이란 '쓰라린 저주의 말'을 의미합니다. 시므이는 다윗의 마음을 상하게 하는 악한 말로 저주했습니다.

3. 시므이는 다윗과 다윗일행을 저주하기 위하여 어떤 행동을 했습니까(삼하16:5-8)?

시므이는 다윗과 그 일행들을 향하여 돌을 던졌습니다. 이스라엘 사회에서 중대한 범죄자들을 처형할 때 돌을 던져 죽이기도 했습니다. 그러므로 시므이가 다윗에게 돌을 던진 것은 곧 다윗이 돌에

맞아 죽어 마땅한 악한 사람이라는 그의 저주와 모독을 보여 줍니다.

2. 다윗의 인격

1. 시므이가 다윗을 저주할 때 다윗의 일행의 반응은 어떠했습니까(삼하16:9)?

아비새의 반응은 인간이라면 누구나 반응할 수 있는 일반적인 반응일 것입니다. 아비새는 현직 왕에 대한 경멸과 모욕을 퍼붓는 시므이의 목을 당장에 베어 버리게 해달라고 요구합니다. 다윗은 적극적으로 아비새의 요청을 허락할 수도 있었습니다.

❶ 당신은 누군가의 말이나 오해로 상처를 받게 될 때 어떻게 반응하십니까?

2. 다윗은 아비새의 요구를 어떻게 거절합니까(삼하16:10,11)?

다윗은 시므이가 자신을 저주하며 돌을 던질 때 굉장한 모욕감과 마음에 상처를 입었을 것입니다. 다윗도 사람이고 감정을 가진 인간입니다. 그러나 다윗은 시므이의 비이성적인 행동에 당장 반응하지 않습니다. 그는 감정적으로 흥분하거나 이성을 잃지 않았습니다. 일반적인 사람이라면 이런 상황에 처하게 되면 감정적으로 행동하며 이성을 잃기가 쉬울 것입니다. 그러나 여기서 우리는 자신의 감정을 냉정하게 통제하는 다윗의 성숙한 인격을 봅니다(잠 14:29; 잠12:16).

3. 사무엘하 16장 10절에서 다윗은 시므이가 왜 자신을 모욕하고 저주한다고 생각했습니까?

다윗은 시므이의 저주를 '하나님의 섭리'의 일부분으로 보았습니다. 이런 모욕적인 상황에서도 다윗은 다른 사람을 탓하고 비난하기보다 먼저 '자기 자신'을 돌아보며 자신을 성찰하고 있습니다. 다윗은 하나님 앞에서 떳떳하지 못했던 자신의 과거를 생각해 봅니다. 자신이 과거 우리아에게서 아내를 빼앗은 일과 우리아를 살해 한 죄악들을 뒤돌아 봅니다. 다윗은 자기 스스로를 합리화하거나 어려운 상황을 아전인수격으로 해석하지 않았습니다. 그는 하나님앞에서 오히려 자신을 뒤돌아보는 성숙한 마음을 가졌습니다.

❶ 당신은 힘들고 어려운 상황에서 먼저 자신을 돌아보고 성찰하는 사람입니까?
아니면 상대방을 비난하거나 자신을 합리화하기에 급급한 사람입니까?

3. 심은 대로 거둔다

1. 다윗은 시므이의 저주행위에 대하여 어떤 자세를 취합니까(삼하16:11)?

다윗은 자신을 저주하는 시므이의 행동에 이성을 잃거나 복수하지 않았습니다. 오히려 다윗은 시므이가 자신을 저주하는 것을 놔두고 자신의 길을 갔습니다.

2. 다윗은 왜 시므이가 자신을 계속 저주하도록 내 버려두었습니까(삼하16:12)?

시므이의 잘못된 행동은 때가 되면 하나님께서 친히 갚아 주실 것을 믿었기때문입니다. 또한 시므이에게 당하는 모욕을 하나님께서 보시고 자신을 불쌍히 여겨 주시기를 바라는 마음 때문입니다. 다윗은 하나님께 긍휼을 얻기 위하여 시므이에게 사적인 보복을 행하지 않았습니다.

3. 우리는 누군가의 비난이나 오해로 인하여 상처를 받게 될 때에 어떻게 하는 것이 성경적입니까(롬12:19-21)?

4. 시므이는 어떤 최후를 맞이 합니까(왕상2:9; 왕상2:44-46)?
시므이가 왜 이런 최후를 맞이하게 되었습니까(갈6:7; 마7:1,2)?

시므이가 자신의 인생에 비참한 최후를 맞이하게 된 것은 그가 다윗에게 행했던 그 저주와 모욕때문입니다. 그는 하나님께서 세우신 왕을 대적하여 악랄한 저주와 모욕을 퍼부었습니다. 그러나 시간이 지나고 이 모든 저주는 결국 시므이 자신에게로 되돌아 갔습니다. 이것은 시므이가 다윗에게 저주의 씨앗을 심었고 결국 그 자신이 저주의 열매를 거두게 된 것입니다. 우리는 하나님께서 세우신 권위자를 대적하고 모욕하는 일을 경계해야 합니다. 그것은 하나님앞에서 바른 자세가 아니기때문입니다.

❶ 당신은 하나님께서 세우신 권위자를 대적하거나 모욕하는 일은 없었습니까(롬13:1)?

정리하며

다윗은 압살롬의 반란을 피하여 도망을 갈 때 시므이에게 인간의 한계를 초월하는 악랄한 저주와 모욕을 당했습니다. 그에게는 충분히 복수하고도 남을 힘이 있었지만 다윗은 개인적인 복수를 삼갔습니다.
그것은 하나님께서 선악간에 판단하셔서 시므이에게 심판하실 것을 믿었기때문입니다. 그래서 다윗은 더 이상의 죄를 피할 수 있었습니다.
다윗이 보여준 인내와 관용은 보통 사람들의 수준을 뛰어 넘는 것입니다. 시므이는 다윗에게 악랄한 저주와 모독이라는 씨앗을 심었고 그는 다윗의 아들 솔로몬에게 결국 처형을 당하게 됩니다.
누구든지 심는 대로 거두는 법입니다. 선을 심는 자는 선한 열매를 거두게 될 것이고 악한 것을 심는 자는 악한 열매를 거두게 될 것입니다.

1. 시므이가 자신의 인생에 비참한 최후를 맞이하게 된 이유를 설명해 봅시다.

2. 우리의 삶에 선한 열매를 맺기 위하여 선한 것을 심는 생활의 태도와 습관을 길러 봅시다.

♡ "스스로 속이지 말라 하나님은 업신여김을 받지 아니하시나니 사람이 무엇으로 심든지 그대로 거두리라 자기의 육체를 위하여 심는 자는 육체로부터 썩어질 것을 거두고 성령을 위하여 심는 자는 성령으로부터 영생을 거두리라"(갈6:7,8)

7

탐욕을 버립시다

성경: 열왕기상 2:13-32 / 찬송: 446(주 음성 외에는)

아도니야는 이미 왕권을 차지하려고 한차례 반란을 일으켰다가 실패했습니다(왕상1:49-53). 그때 반란에 실패한 아도니야는 솔로몬에게 겨우 죽임을 면했습니다. 그러나 아도니야는 이후에도 왕권에 대한 욕심과 미련을 버리지 않았습니다. 그는 아버지 다윗의 첩인 아비삭을 자신의 아내로 요구하면서 왕권에 대한 도전을 이어갑니다. 솔로몬은 아도니야의 왕권에 대한 끝없는 탐욕을 간파하면서 결국 그를 처형합니다. 아도니야는 권력에 대한 탐심을 버리지 못하고 끝내 죽음으로 그의 최후를 맞습니다.

1. 아도니야의 요청

1. 아도니야는 누구를 찾아 왔습니까?(왕상2:13)

아도니야는 솔로몬의 어머니 밧세바를 찾아왔습니다. 그가 밧세바를 찾아 온 것은 다시한번 왕권에 대한 음모를 꾸미기 위해서입니다.

2. 아도니야는 밧세바에게 무엇을 요청하였습니까(왕상2:16,17)? 아도니야의 요구에는 어떤 문제점이 존재합니까?

아도니야는 아버지 다윗의 첩 아비삭을 밧세바에게 요구하였습니다. 이것은 아도니야가 아비삭을 사랑해서가 아니라, 그녀를 통해서 왕위에 대한 욕심을 재차 드러낸 것입니다. 선왕의 처를 취하는 것은 그 선왕의 왕국을 계승한다는 의미가 존재하기때문입니다. 아도니야는 다윗의 첩을 취함으로 다윗의 왕좌에 오를 헛된 꿈을 꾸고 있는 것입니다.

3. 아도니야의 착각은 무엇입니까(왕상2:15)?

왕위가 내 것이라는 말은 자신이 왕자들중에 제일 연장자이며 따라서 순서상 자신이 왕이 되는 것이 옳다라는 아도니야의 주장입니다.
그가 말한 온 이스라엘이 자신에게로 향한다는 주장은 자신의 음모를 추종하는 일부 세력에 불과할 뿐이지 국민 다수가 아도니야를 지지하는 것은 아닙니다. 또 아도니야는 자신이 왕이 되지 못한 것이 하나님 때문이라는 원망적인 말을 합니다. 아도니야는 솔로몬을 왕으로 세우신 하나님의 뜻에 전혀 순복할 마음이 없습니다. 오히려 그는 여전히 솔로몬을 왕으로 세우신 하나님의 주권과 권위에 반기를 들며 도전하는 태도를 보입니다.

2. 솔로몬의 분노

1. 아도니야의 소원을 전해 들은 솔로몬의 반응은 어떠하였습니까(왕상2:22,23)?

아도니야의 요구를 어머니 밧세바에게서 전해들은 솔로몬은 불같이 분노합니다. 요세푸스는 「유대고대사Ⅱ」에서 이 말을 들은 솔로몬은 아도니야가 결혼을 빙자하여 더 큰 일을 꾸미고 있다고 언성을 높이며 밧세바에게 화를 내었다고 합니다. 솔로몬은 어머니의 제안을 일언지하에 거절하였습니다.

2. 아도니야에 대한 솔로몬의 판단은 무엇입니까(왕상2:23)?

솔로몬은 이미 한차례 아도니야에게 자비를 베풀었습니다. 그의 목숨만은 살려 주고 그가 근신하며 왕권에 대한 욕심을 버릴 줄 알았습니다. 그러나 아도니야는 왕권에 대한 헛된 꿈을 결코 버리지 않았습니다. 아도니야는 선왕의 첩을 앞세워 재차 반란을 시도하고 있었습니다. 이제 솔로몬은 결단을 내려야 했습니다. 더이상 아도니야를 이대로 놔 둘수는 없습니다. 아도니야는 지금 반역을 꿈꾸고 있고 솔로몬은 이제 아도니야를 처형하기로 결단을 내렸습니다.

3. 아도니야는 어떤 최후를 맞이합니까(왕상2:24,25)?

솔로몬은 반역을 꿈꾸는 아도니야를 브나야를 보내어 처형합니다.

그의 분수에 지난 헛된 욕심은 물거품처럼 사라집니다.

❶ 아도니야가 죽음에 이르게 된 동기는 무엇입니까(약1:15)?

❷ 지나친 욕심은 화를 자초합니다. 당신은 지나친 욕심 때문에 도리어 낭패을 당한 경험은 없습니까?

3. 탐욕에 대한 댓가

1. 아도니야가 비참한 최후를 맞이하게 된 까닭은 무엇인지 살펴 봅시다(왕상2:15,17,23)?
   23절에 나오는 '이런 말'은 무엇을 의미합니까?

자업자득(自業自得)이란 고사성어가 있습니다. 즉 자신이 일을 만들어 놓고 그 결과에 대하여 자기 스스로가 책임을 지게 된다는 의미입니다.

아도니야의 죽음을 불러 온 것은 아도니야 자신입니다. 그는 적어도 1차 반란에서 교훈을 얻고 거기서 왕위에 대한 욕심을 버렸어야 했습니다.
그러나 그는 끝내 왕권에 대한 욕심을 버리지 못하고 죽음으로 끝을 봅니다. 그러기에 분수를 넘는 지나친 욕심은 도리어 화를 자초합니다.

2. 성경은 사람의 욕심에 대하여 무엇이라 말씀합니까(약1:15; 골3:5)?
우리는 왜 지나친 욕심을 경계해야 합니까(딤전6:6)?

아도니야는 자신의 권력욕 때문에 자신의 목숨을 잃었습니다. 자신의 분수를 모르는 욕심은 탐욕입니다. 아도니야는 자신의 탐욕에 대한 톡톡한 댓가를 지불해야 했습니다.

3. 아도니야의 죽음의 소식을 듣고 요압이 도망한 까닭은 무엇입니까(왕상2:28)?
아도니야의 반란을 후원하고 도운 요압의 결과는 무엇입니까(왕상1:7; 왕상2:30-34)?

요압또한 하나님의 뜻에 순복하지 않고 거역하며 아도니야와 함께 반란을 도모하다가 결국은 목숨을 잃게 되었습니다. 요압역시 하나님과 왕의 뜻을 거스르는 삶으로 비참한 최후를 맞이 합니다.

4. 솔로몬은 요압이 왜 죽임을 당해야 한다고 했습니까(왕상 2:31,32)?
   요압에 대한 다윗의 유언은 어떻게 이루어졌습니까(왕상 2:5,6)?

솔로몬은 요압을 처형하면서 그가 이제껏 지은 독단적인 죄들에 대해 책임을 물었습니다. 아브넬과 아마사, 압살롬에 대한 살해등 이제껏 요압은 다윗의 명령을 듣지 않고 자신의 의지대로 독단적으로 행동했습니다.
하나님과 왕의 뜻을 거스르고 아도니야를 왕으로 후원한 요압은 이제 그가 뿌린 독불장군의 열매를 거두게 된 것입니다.

정리하며

아도니야는 왕권을 차지하려고 이미 한차례 반란을 일으켰다가 실패했습니다. 그는 거기에서 멈추었어야 했습니다. 그러나 아도니야는 재차 왕권에 대한 도전을 시도합니다. 이번에는 아버지의 첩 아비삭을 이용하여 계략을 꾸밉니다. 그러나 아도니야는 솔로몬의 극심한 진노를 사게 됩니다. 이미 한차례 솔로몬은 아도니야에게 용서를 베풀었고 그가 자제하며 살기를 원했습니다. 그러나 아도니야의 탐욕은 끝이 없었습니다. 꿀단지 주위에 모여든 파리들처럼 아도니야는 권력의 탐욕에 빠져 자제할줄 몰랐습니다. 인간의 탐욕이란 끝이 없습니다. 인간들은 꿀단지 속에 빠져든 파리들처럼 욕망을 빨고 또 빱니다. 끝내 파멸로 인간의 탐욕은 끝이 납니다. 우리가 탐욕을 이기려면 자신의 욕심과 탐욕을 절제해야 합니다. 하나님의 뜻에 순복하고 절제하는 길만이 복된 삶의 방법입니다.

1. 아도니야와 요압이 왜 비참한 최후를 맞이하게 되었는지를 정리해 봅시다.

2. 우리의 인생을 즐겁고 복된 삶으로 인도하는 원리는 무엇일까요(시1:1,2; 잠30:8)?

♡ "오직 각 사람이 시험을 받는 것은 자기 욕심에 끌려 미혹됨이니 욕심이 잉태한즉 죄를 낳고 죄가 장성한즉 사망을 낳느니라"(약1:14,15)

8

예배에 성공합시다

성경: 열왕기상 2:26-27 / 찬송: 310(아 하나님의 은혜로)

아비아달은 솔로몬의 통치시대까지 이스라엘의 대제사장이었습니다. 그는 엘리의 후손으로 솔로몬왕 즉위 초기까지 대제사장으로 봉사합니다.

그러나 그는 아도니야가 왕위를 찬탈하기 위한 반란을 일으킬 때 아도니야를 돕고 후원합니다. 두 차례에 걸친 아도니야의 반란은 실패로 끝나고 아비아달은 반란에 대한 처벌을 받고 대제사장직에서 파면됩니다.

그가 대제사장직에서 파면됨으로 엘리의 가문은 제사장직에서 몰락하고 맙니다. 이것은 하나님께서 엘리가문에 하신 저주가 이루어지게 되는 것입니다.

1. 어리석은 선택

1. 아비아달은 어떤 사람입니까(왕상2:26)?

아비아달은 엘리의 후손인 대제사장입니다. 그는 아론의 아들 이다말 계열에 속한 제사장입니다.

2. 그가 대제사장직에서 파면된 이유는 무엇입니까(왕상2:26, 왕상 1:7)?

아비아달은 아도니야의 반란을 돕고 지지하였습니다. 아도니야의 반란은 실패했고 솔로몬은 아비아달을 죽이지 않고 대제사장직에서 파면하고 예루살렘에서 추방합니다.

3. 아비아달이 범한 중대한 잘못은 무엇입니까(왕상2:26a; 대상 22:9,10)?

하나님은 이미 솔로몬을 다윗의 후계자로 세우시겠다고 약속하셨습니다. 대제사장인 아비아달이 이를 모를 리가 없습니다. 그렇다면 아비아달의 가장 심각한 죄는 하나님의 뜻을 거스르고 반역한 것입니다. 아비아달은 대제사장으로서 누구보다 더 앞장서서 하나님의 뜻을 높이고 받들어야 할 직분자입니다. 그런데 그가 하나님의 뜻을 오히려 거역하고 반란에 동조하고 지지한 것입니다. 이것은 제사장으로서 더욱 심각한 죄악인 것입니다.

2. 엘리의 후손들

1. 아비아달이 대제사장직에서 파면된 것은 성경적으로 어떤 의미가 있습니까(왕상2:27; 삼상2:27-36)?

아비아달이 대제사장직에서 파면되고 추방된 사건들은 우연히 일어난 불행한 사건이 아닙니다. 그것은 이미 엘리가문에 대하여 예언 하신 하나님의 말씀을 성취하는 것입니다.

엘리가문에 내려진 하나님의 저주가 아비아달의 시대에 '아도니야의 반란'이라는 사건을 통하여 이루어진 것입니다.

2. 엘리 가문에 대한 하나님의 저주는 무엇입니까(삼상2:28-34)?

하나님앞에 불경건하고 타락했던 엘리가문에 대한 하나님의 심판입니다. 그것은 엘리 가문이 더이상 제사장직을 수행하지 못한다는 저주입니다.

대제사장 가계도

<table>
<tr><td colspan="5">아론</td></tr>
<tr><td>나답(사망)</td><td>아비후(사망)</td><td>엘르아살</td><td colspan="2">이다말</td></tr>
<tr><td colspan="2" rowspan="3"></td><td>비느하스</td><td colspan="2">엘리</td></tr>
<tr><td>아비수아</td><td>홉니</td><td>비느하스</td></tr>
<tr><td>↓
북기
↓
웃시
↓
스라히야
↓
므라욧
↓
아마랴
↓
아히둡
↓
사독</td><td>↓
이가봇</td><td>↓
아히둡
↓
아히멜렉
(아히야)
↓
아비아달

*아비아달에서
대제사장직
종료</td></tr>
</table>

3. 옆의 제사장 가계도를 참고하여 엘리와 아비아달의 관계에 대하여 말해 봅시다.

위의 가계도에서 아비아달은 엘리의 증손인 아히멜렉의 아들임을 알수 있습니다. 엘리는 아비아달의 고조부 할아버지입니다. 아비아달은 엘리가문으로 이다말 계열의 대제사장이고, 사독은 엘리아살 계열에 속한 대제사장입니다.

엘리가문의 아비아달이 반역죄로 처벌됨으로써 이스라엘의 대제사장직은 엘르아살 계통의 사독으로 완전히 정리가 됩니다. 이것은 엘리가문에 대한 하나님의 저주가 이루어진 것입니다.

3. 엘리 가문의 범죄

엘리 가문에 무슨 일이 있었기에 이런 저주가 이 가문에 임했을까요?

엘리의 가문이 하나님께 자초한 그 저주에 대하여 살펴 보고자 합니다.

1. 엘리의 아들들은 누구입니까(삼상2:34)?

엘리에게는 두 아들이 있었는데 홉니와 비느하스입니다.

2. 엘리의 두 아들은 영적으로 어떤 자들입니까(삼상2:12)?

대제사장 아비아달의 증조부 홉니와 비느하스는 엘리의 아들들로서 하나님앞에서 행실이 나빴다고 성경은 말씀합니다. 개역한글에는 이들이 '불량자'라고 되어 있었는데, 개역개정에는 '행실이 나쁘다'라고 합니다.

'불량자'라는 말은 '벨리알의 아들'이란 의미로서 '패역한 사람', '불량한 인간'을 의미합니다. 이들은 하나님앞에서 지극히 불경건했던 자들입니다.

3. 아비아달의 증조부 홉니와 비느하스가 하나님의 저주를 받게 된 결정적인 범죄는 무엇입니까(삼상2:17; 2:13-16)?

홉니와 비느하스는 하나님의 율법에 규정된 제사제도를 무시하고 모독하였습니다. 이들은 제사장의 직무를 악용하여 하나님께 드려진 제물에 대하여 자의적으로 자신들의 것으로 사취하였습니다. 이들은 하나님의 제사를 모독하고 타락시켰습니다. 홉니와 비느하스는 하나님께 드려지는 제물로 자신들의 탐욕적인 배만을 채웠습니다.

4. 하나님의 제사를 멸시한 엘리가문에 내려진 저주는 무엇입니까(삼상 2:27-36)?

제사장으로서 직분을 망각하고 자신들의 육신의 배만을 채우기에 혈안이 되었던 홉니와 비느하스는 하나님께 저주를 받고 자손들에게까지 저주를 물려 주게 된 것입니다. 이것이 홉니와 비느하스의 불경하고 망령된 죄악입니다(출20:5,6).

❶ 우리가 하나님께 드리는 예배가 왜 소중하고 중요한 것인지를 엘리가문을 보며 생각해 봅시다.

❷ 당신은 하나님께 드려지는 예배를 얼마나 소중하게 생각합니까(요4:23,24)? 당신의 주일성수는 어떻습니까?

정리하며

아비아달의 불행은 우연한 사건이 아니었습니다. 그가 아도니야의 반란에 개입하여 몰락하게 된 것도 모두 하나님의 섭리였습니다.

아비아달이 아도니야의 반란에 적극적으로 가담하게 된 것도 하나님의 섭리안에 있었습니다. 이것은 이미 엘리가문에 내려진 저주의 실현을 위하여 하나님은 아비아달의 눈을 가리신 것입니다. 그가 잘못된 선택을 하여 엘리가문이 대제사장직에서 쫓겨나고 몰락하게 만들기 위한 하나님의 섭리였습니다.

이것이 바로 엘리가문에 대한 하나님의 저주였습니다.

하나님은 엘리가문에 대하여 지혜의 눈을 닫아 버리시고 흑암의 길로 몰고 가십니다. 이런 저주를 자초한 것은 바로 엘리가문 자신들입니다. 이들은 하나님의 제사를 멸시하고 타락시켰습니다. 이들은 하나님의 영광을 크게 훼손했습니다.

오늘날 우리가 하나님께 드리는 예배는 그래서 중요한 것입니다. 가인도 예배에 실패하고 인생을 실패했고 엘리가문도 예배를 타락시키고 가문이 몰락하게 된 것입니다.

우리는 하나님께 드리는 예배에 실패해서는 안됩니다. 하나님께 신령과 진정으로 예배를 드림으로 하늘의 신령한 복을 누리고 예배를 망치고 예배를 멸시함으로 저주를 자초하게 되는 것입니다.

1. 엘리가문이 몰락하게 된 근본적인 원인에 대해 정리해 봅시다.

2. 당신 자신의 예배생활은 어떻습니까? 당신은 예배를 소중하게 대하고 있습니까? 아니면 습관적인 자세와 의미없이 형식적으로

시간만 때우는 그런 예배를 드리고 있지는 않습니까?

3. 어떤 분들은 예배를 '본다'고 말합니다. 이들의 예배는 그저 수수방관하는 수동적이고 형식적인 예배에 불과합니다. 이들에게 예배는 지루하고 안 드리자니 찜찜한 그런 예배입니다. 반면에 어떤 분들은 예배를 '드린다'고 합니다. 하나님은 예배를 받으시는 분이시고 이 분들의 예배는 하나님을 중심으로 모시는 신령과 진정한 마음의 예배입니다. 온 인격적으로 하나님을 사랑하고 사모하는 예배입니다. 두 사람의 예배를 대하는 태도는 하늘과 땅 차이의 예배입니다. 당신은 예배를 보러 온 사람입니까? 아니면 하나님께 예배를 드리러 온 사람입니까?

"믿음으로 아벨은 가인보다 더 나은 제사를 하나님께 드림으로 의로운 자라 하시는 증거를 얻었으니 하나님이 그 예물에 대하여 증언하심이라 그가 죽었으나 그 믿음으로써 지금도 말하느니라"(히11:4)

9

열정적인 믿음을 가집시다

성경: 열왕기상 3:1-15 / 찬송: 438(내 영혼이 은총 입어)

솔로몬의 통치초기에 그의 종교적 열정은 뜨거웠습니다. 그의 열정적인 신앙행위는 그가 기브온에서 드린 일천번제를 통해서 잘 드러납니다. 그는 하나님께 어마어마한 제사를 드렸습니다. 하나님은 솔로몬의 일천번제를 기쁘게 받으셨습니다. 그리고 그에게 꿈을 통하여 나타나셨습니다. 하나님은 솔로몬에게 전무후무한 지혜를 선물로 주시고 아울러 부귀와 영광까지 복으로 허락하셨습니다.

1. 솔로몬의 충성

1. 솔로몬은 누구와 혼인관계를 맺었습니까(왕상3:1)?
   애굽과의 정략결혼에서 장점과 단점은 무엇입니까?

솔로몬은 강대국 애굽과 결혼동맹관계를 맺었습니다. 애굽과의 정략결혼은 군사적 경제적인 측면에서 솔로몬에게 이득을 주었을 것입니다. 그러나 정략결혼은 이방종교와 우상들의 유입이라는 심각한 위험을 초래했습니다.

2. 애굽과의 정략결혼은 하나님께 어떤 점에서 문제가 됩니까(왕상3:1; 사31:1-3)?

솔로몬의 정략결혼은 하나님의 능력을 신뢰하기보다는 애굽의 군사적 경제적 힘을 더 의지하려는 인간적이고 불신앙적인 문제가 있습니다.

3. 솔로몬은 통치 초기에 아버지의 유언에 얼마나 신실했습니까(왕상3:3)?

'다윗의 법도'란 무엇입니까(왕상2:3, 신6:4-6)?

솔로몬은 통치초기에는 비교적 아버지의 유언에 충실하게 순종했습니다.
다윗의 법도란 하나님을 사랑하고 그의 계명을 일평생동안 성실하게 순종하는 삶을 말합니다.

2. 일천번제

1. 솔로몬이 기브온 산당에서 하나님께 드린 제사는 무엇입니까(왕상3:4)?

역대하 1장 6절에서는 천 마리 희생으로 번제를 드렸다고 되어 있습니다.
참고로, 요세푸스는 그의 책 「유대고대사Ⅱ」에서 "솔로몬이 기브온의 놋 제단에서 1,000번의 번제를 드렸다"고 기록했습니다.

2. 솔로몬의 하나님을 향한 사랑은 어떻게 표현됩니까(왕상3:3,4)?

하나님에 대한 사랑은 신앙의 행위로 표현되는 것입니다. 솔로몬의 하나님을 향한 사랑은 그의 제사에서 드러났습니다. 그는 일천번제를 통하여 하나님을 향한 자신의 뜨거운 믿음과 사랑을 아낌없이 표현했습니다(약2:17,22).

3. 당신은 하나님을 향한 사랑을 어떻게 표현하고 있습니까(약2:26)?

구원은 믿음으로 얻는 것이지만 그 믿음의 열정은 삶가운데 표현되어집니다(롬12:11). 솔로몬이 하나님께 일천번제를 드리며 자신의 믿음의 열정을 표현했듯이 우리 개인들의 믿음의 열정또한 예배와 삶을 통해 나타나야 합니다.

3. 솔로몬이 구한 것

1. 하나님은 솔로몬에게 어떻게 나타나셨습니까(왕상3:5)?

성경에서 하나님은 종종 꿈을 통하여 계시하셨습니다(창28:12; 37:5).

하나님은 야곱과 요셉에게 꿈을 통해 나타나시고 계시하셨습니다.

2. 하나님께서 솔로몬에게 무엇을 제안하셨습니까(왕상3:5b)?

3. 솔로몬이 하나님께 구한 것은 무엇입니까(왕상3:7-9)?

4. 하나님께서 솔로몬의 간구를 들으시고 기뻐하신 까닭은 무엇입니까(왕상3:10,11)?

솔로몬이 하나님께 구한 것은 '자신의 이익'을 위한 것이 아니었습니다. 솔로몬이 구한 것은 백성들을 위한 지혜로운 마음이었습니다. 이것이 하나님의 마음을 기쁘시게 했습니다. 솔로몬의 간구는 '자신의 인간적인 욕심과 욕망'을 채우기 위한 것이 아니었습니다.

❶ 당신이 하나님께 구하고 있는 것들을 생각해 보십시오. 당신은 하나님께 어떤 것을 구하고 있습니까? 내가 하나님께 구하고 있는 것들은 누구를 위한 것들입니까?

5. 하나님께서 솔로몬에게 '덤으로 주신 복'은 무엇입니까(왕상 3:12,13)?

하나님께서 솔로몬에게 '덤'으로 주신 복들은 부와 영광이었습니다. 이것들은 이 세상의 사람들이 누구나 가지기를 소망하는 인간의 욕망들입니다. 세상 사람들은 이런 것들을 오복이라고 합니다. 오복(五福)은 수, 부, 귀, 강녕, 자손증다입니다. 세상 사람들이 가장 큰 복으로 여기는 것들을 하나님은 솔로몬에게 덤의 복으로 주셨습니다.

❶ 솔로몬의 간구를 통하여 우리가 배워야 할 것은 무엇입니까(마6:33)?

정리하며

솔로몬은 통치초기에는 비교적 하나님을 향한 뜨거운 열정을 가졌습니다.
그것은 아버지 다윗의 유언을 성실하게 이행한 결과였습니다. 솔로몬의 종교적 열정은 그의 일천 번제를 통하여 나타납니다. 솔로몬이 하나님께 드린 일천 번제는 하나님을 기쁘시게 했고 하나님은 그에게 꿈을 통하여 나타나시고 소원을 말하게 했습니다. 솔로몬의 간구는 자신의 이기적인 욕망이 아니었고 백성들을 위한 이타적인 것이었습니다. 그의 간구는 하나님을 더 기쁘시게 했습니다. 하나님은 인간의 이기적인 욕망에 맞추어진 간구에 기뻐하시기보다 공동체의 유익을 위한 이타적인 간구를 기뻐하십니다.

하나님은 솔로몬에게 부와 영광을 덤으로 주셨고 그러나 부와 영광은 하나님이 솔로몬에게 주신 참된 복은 아닙니다. 그것은 하나님께서 인간에게 주신 덤으로 주신 선물이었습니다.
그러나 이 세상의 많은 사람들은 참된 복이신 하나님을 구하지 않고 오히려 덤으로 주시는 이 세상의 온갖 부와 영광들에 더 관심을 가집니다.
이 세상에서 덤에 속한 것들을 더 추구하는 행위는 우리의 신앙을 변질시키고 믿음에서 탈선하게 하는 잘못된 목적이 되기도 합니다.

1. 솔로몬이 하나님을 기쁘시게 했던 이유들을 정리해서 설명해 봅시다.

2. 솔로몬에게 덤으로 주어졌던 '부'와 '영광'이 왜 성도들에게 '참

된 복'은 아닙니까? 그 이유를 말해 봅시다.

3. 당신은 이 세상을 살면서 참된 복이신 하나님께 더 관심을 가진 사람입니까? 아니면 덤으로 주시는 이 세상의 물질과 영광에 더 관심을 가진 사람입니까?

♡ "그런즉 너희는 먼저 그의 나라와 그의 의를 구하라 그리하면 이 모든 것을 너희에게 더하시리라"(마6:33)

10

하나님의 임재를 사모합시다

성경: 열왕기상 5:1-9: 9 / 찬송: 331(영광을 받으신 만유의 주여)

솔로몬 시대에 가장 큰 업적은 성전건축입니다. 솔로몬의 성전은 B.C. 966년에 건축을 시작하여 7년 후에 완공이 됩니다. 성전건축은 다윗 시대에 준비를 시작하여 솔로몬 시대에 완공이 됩니다. 하나님은 성전건축 후 솔로몬에게 언약을 주시며 그가 받은 언약을 신실하게 붙들고 순종하며 살 때 하나님의 참된 임재가 있음을 약속하셨습니다.

1. 성전건축

1. 솔로몬이 하나님의 성전을 건축하고자 하는 목적은 무엇입니까(왕상5:5; 삼하7:13; 고전10:31)?

솔로몬은 자신의 개인적인 욕심으로 성전건축을 시작한 것이 아닙니다. 성전건축은 하나님의 이름과 영광을 드러내고자 하는 일입니다.

2. 솔로몬의 성전건축은 애굽 땅에서 나온지 얼마만입니까(왕상 6:1)?

3. 성전을 건축하는 동안에 성전에서 방망이나 도끼나 모든 철연장 소리가 들리지 아니하였습니다. 그 이유는 무엇입니까(왕상6:7, 출20:25; 신27:5)?

성전은 하나님께서 임재하시는 거룩한 장소입니다. 성전에서 나는 철소리는 하나님의 거룩성을 훼손하는 것입니다. 따라서 건축자재들은 성전에서 멀리 떨어진 곳에서 다듬어졌습니다.

2. 하나님의 임재

1. 솔로몬의 성전건축중에 하나님께서 솔로몬에게 주신 약속은 무엇입니까(왕상6:11-13)?

2. 성전기둥의 이름은 무엇이며 그것이 상징하는 의미는 무엇입니까(왕상7:21)?

성전의 두 기둥의 이름은 야긴과 보아스입니다. 야긴은 성전 우편에 세워진 기둥의 이름이며 '그가 세우실 것이다'라는 뜻입니다. 보아스는 성전 좌편에 세워진 기둥이며 '그 힘의 능력으로'라는 뜻입니다. 하나님의 성전은 하나님께서 세우실 것이며 하나님의 능력으로 유지될 것입니다.

3. 제사장들이 언약궤를 솔로몬 성전에 메어 들인 후에 성전에 구름이 가득하게 되었습니다. 이것은 어떤 의미가 있습니까(왕상8:10,11; 출24:16; 40:34,35)?

구름은 영광스러운 하나님의 임재를 상징합니다(민12:5). 솔로몬의 성전에 구름이 가득한 것도 하나님의 임재하심을 보여 주는 것입니다.

3. 하나님의 응답

1. 솔로몬이 백성들에게 축복한 3가지는 무엇입니까(왕상8:57-60)?

첫째, 솔로몬은 언제나 하나님께서 이 백성들과 함께 하시기를 축복합니다.

둘째, 백성들의 마음이 하나님을 향하게 되기를 축복합니다.

셋째, 하나님께서 이스라엘의 모든 일들을 돌봐 주시고 지켜 주시기를 축복합니다. 매 순간마다 하나님의 돌보심의 은혜를 간구한 것입니다.

2. 하나님께서 솔로몬에게 원하신 것은 무엇입니까(왕상9:4)? 하나님께서 순종에 대한 복으로 솔로몬에게 약속하신 것은 무

엇입니까(왕상9:5)?

하나님께서 솔로몬에게 원하신 것은 그가 다윗의 길로 행하는 것입니다.
솔로몬이 다윗의 길로 행할 때 그의 자손들의 왕위는 견고하게 될 것이라는 약속입니다.

3. 하나님은 솔로몬에게 어떤 경고를 하셨습니까(왕상9:6-9)?
솔로몬 성전에 대한 하나님의 엄중하신 경고는 무엇입니까(왕상9:7,8)?

만일 솔로몬과 이스라엘이 하나님의 말씀을 버리고 다른 신들을 좇아 우상숭배하고 배교하게 된다면, 하나님은 언제든지 솔로몬과 이스라엘을 징계하시고 심판하실 것입니다. 솔로몬이 화려하게 지은 이 성전도 하나님께 불순종하고 거역하게 된다면 언제든지 버림받고 열방가운데 비웃음과 조롱거리가 될 것입니다. 하나님의 임재는 솔로몬의 성전건물 안에 자동적으로 임재하시는 것이 아니라 하나님과의 언약에 충실하게 서 있을 때 유효한 것입니다(유1:20).

정리하며

다윗 시대부터 준비된 성전 건축은 이제 솔로몬 시대에 완공이 됩니다. 성전 건축에는 많은 시간과 사람들 그리고 물질이 요구됩니다. 하나님의 성전은 값비싼 백향목과 아름다운 금으로 입혀지고 장식이 됩니다. 하나님은 솔로몬이 건축한 성전에 구름으로 임재하시고 그의 건축을 기뻐하십니다. 그러나 하나님은 성전을 건축한 솔로몬에게 일종의 경고를 하십니다. 아무리 아름답고 화려하게 지어진 값비싼 성전이라도 하나님은 자동적으로 임재하시는 것이 아니라 솔로몬이 하나님의 말씀에 순종하고 하나님의 언약 안에 거할 때 성전에 임재하시겠다는 약속입니다. 즉 솔로몬과 이스라엘이 하나님의 말씀을 버리고 우상숭배하며 배교하게 될 때는 아무리 아름답고 화려하게 지어진 성전이라도 심판받고 버려지게 될 것이라는 경고입니다. 하나님의 전정한 임재는 건축물에 존재하는 것이 아니라 순종하는 언약 안에 있을 것임을 의미합니다.

1. 성전을 완공한 솔로몬에게 하나님께서 진정으로 원하신 것은 무엇입니까?

2. 하나님의 임재를 위하여 우리에게 가장 중요한 것은 무엇입니까?

♡ "너희 몸은 너희가 하나님께로부터 받은 바 너희 가운데 계신 성령의 전인 줄을 알지 못하느냐 너희는 너희 자신의 것이 아니라 값으로 산 것이 되었으니 그런즉 너희 몸으로 하나님께 영광을 돌리라"(고전 6:19,20)

11

신앙의 변질을 경계합시다

성경: 열왕기상 11:1-10 / 찬송: 310(아 하나님의 은혜로)

솔로몬은 통치초기에는 다윗의 길로 행하며 일천번제로 하나님께 충성을 맹세하고 성전까지 건축하며 말씀에 순종하는 삶을 살았습니다.

그런 그가 통치 말년에는 전혀 다른 사람이 되어 버립니다. 그는 하나님께서 경고하시고 금하신 말씀을 벗어나 수많은 이방 여인들을 취함으로 걷잡을 수 없는 신앙의 타락으로 걸어 갑니다. 솔로몬이 데려온 수많은 이방 여인들이 솔로몬의 마음을 하나님에게서 떠나 타락의 길로 인도했던 것입니다.

1. 이방 여인들

1. 솔로몬의 배교와 타락은 어디에서 시작합니까(왕상11:1)?

솔로몬은 이 세상의 어떤 왕들보다도 지혜로운 왕입니다. 더구나 그의 지혜는 하나님께 받은 것입니다. 그런 그가 하나님의 말씀을 벗어나 타락하게 되었다는 사실은 실로 충격적입니다. 솔로몬이 타락하게 된 주요 원인은 이방의 많은 여인들 때문입니다. 그는 지나칠 정도로 많은 이방 여인들을 데리고 왔습니다. 솔로몬은 애굽을 위시하여 암몬, 모압, 헷, 시돈, 두로등 많은 이방 나라의 여인들과 결혼하였습니다. 이방 여인들과의 결혼은 곧 모세의 율법을 위반하는 것입니다.

❶ 솔로몬의 이방 여인들과의 결혼은 하나님께 어떤 점에서 문제가 됩니까?(신7:2,3)

2. 솔로몬의 많은 이방 여인들이 한 일은 무엇입니까(왕상11:3,4)?

이 여인들은 각자 자신의 나라의 이방 우상들을 숭배하는 여인들이었습니다.
이들이 이스라엘에 들어 올 때 각 나라의 우상들을 가지고 들어 왔습니다.

이들이 이스라엘을 우상숭배로 타락시켰고 심지어 솔로몬도 하나님을 따르는 마음에서 변질시켜 돌아서게 했습니다.

3. 솔로몬이 이방 여인들을 위하여 행한 일들은 무엇입니까(왕상 11:5-8)?

솔로몬은 이방 여인들을 위하여 산당들을 지어 주었습니다. 그리고 그들이 마음껏 예루살렘에서 우상숭배하도록 길을 열어 주었습니다. 솔로몬의 이런 행동은 결국 예루살렘에 '종교혼합주의'를 가져오는 결정적인 잘못이 되었습니다.

*종교혼합주의는 유일신 사상을 고수하지 않고 다신론을 신봉합니다.

2. 솔로몬이 사랑한 것

1. 이방 여인들에 대한 하나님의 경고는 무엇입니까(왕상11:2; 신 7:1-4)?

하나님은 이미 모세의 율법에서 '이스라엘 백성들은 이방 여인들과 결혼을 해서는 안된다'고 경고하셨습니다. 그러나 솔로몬은 이러한 하나님의 경고를 우습게 여기고 무시했습니다. 결국 솔로몬의 변질은 하나님의 말씀을 무시하고 벗어났다는데 있습니다.

2. 솔로몬이 진정으로 더 사랑한 것은 무엇입니까(왕상11:2b; 마 6:24; 10;37)?

솔로몬은 하나님의 말씀보다 이방의 여인들을 더 사랑했으며 그는 '하나님의 말씀'보다 '이방 여인들의 말'에 더 귀를 기울였습니다. 이것이 솔로몬의 변질입니다.

❶ 당신이 하나님보다 더 사랑하는 대상이 존재합니까? 있다면 그것을 말해 봅시다.

3. 내가 진정으로 사랑하는 것들에 대한 기준은 무엇입니까(마 6:21; 창22:1,2)?

가스펠송 가사에 '내가 주인 삼은 모든 것 내려 놓고'라는 찬양이 있습니다.
내가 지금 마음속에 가장 사랑하는 그것이 내 마음속의 현재의 주인이 됩니다. 그것은 물질일 수도 있고 이성일 수도 있으며 쾌락 및 기타 세상 것들이 될수 있습니다. 솔로몬은 하나님보다 이방 여인들을 더 사랑했습니다. 결국 그는 이방 여인들을 하나님보다 더 숭배한 것입니다.

3. 솔로몬의 타락

1. 하나님께서 솔로몬의 타락을 판단하실 때 어떤 평가의 기준을 가지고 계셨습니다. 그것은 무엇입니까(왕상11:4,6; 왕상2:3,4; 왕상6:11,12; 14:8; 15:3)?

하나님은 솔로몬의 타락을 평가하실 때 '다윗의 길'을 평가기준으로 제시하셨습니다. 다윗의 길은 하나님의 말씀에 순종하는 길이며 하나님의 언약에 충성하는 길입니다. 이후의 열왕들에게도 하나님은 동일한 잣대로 다윗의 길을 평가기준으로 사용하십니다.

2. 솔로몬의 우상숭배는 이스라엘의 역사를 완전히 바꾸는 근본 원인이 됩니다. 솔로몬의 배교로 이스라엘은 남북왕국으로 분열이 됩니다. 솔로몬의 우상숭배는 후일에 남북왕국이 타락하고 멸망하는 데까지 영향을 줍니다.
우상숭배가 하나님앞에서 얼마나 악한 죄입니까(왕상11:7,8; 출20:3)?

우상숭배는 숭배의 대상이 잘못된 죄악입니다. 하나님을 숭배해야 할 이스라엘이 우상을 숭배한다는 것은 신앙의 시작부터 잘못되었음을 말해 줍니다.
우상숭배는 여호와 신앙을 근본부터 부정하는 행위입니다.

3. 하나님은 솔로몬의 종교혼합주의를 경고하셨습니다. 종교혼합주의가 왜 잘못된 신앙인지를 말해 봅시다(왕상11:9,10).

종교혼합주의는 하나님을 섬기는 동시에 우상들도 섬기는 것을 말합니다. 솔로몬이 하나님께 제사를 드리지 않은 것은 아닙니다. 문제는 그가 동시에 다른 우상들도 숭배하는 신앙으로 변질됐다는 것입니다. 이것이 종교혼합주의입니다. 종교혼합주의는 유일신 하나님을 인정하지 않습니다. 종교혼합주의는 하나님과 함께 이방의 신들도 동등하게 인정하는 것입니다. 그러기에 종교혼합주의 신앙에서 하나님을 향한 '순결한 믿음'이란 존재하지 않습니다.

❶ 솔로몬의 종교혼합주의는 오늘날의 종교다원주의의 뿌리가 됩니다. 우리가 종교다원주의를 인정할 수 없는 이유를 말해 봅시다(행4:12).

*종교다원주의: 다양한 종교의 상호 공존을 주장하면서 유일 구원을 가진 기독교의 절대구원을 부정한다. 다른 종교들에도 구원의 길이 있음을 주장한다.

정리하며

솔로몬은 통치초기에는 비교적 하나님의 말씀에 충실하고 종교적인 열정을 가졌습니다. 그러나 그의 통치 후반부는 종교혼합주의로 변질되고 타락합니다. 그가 이렇게 변질되고 타락하게 된 원인은 많은 이방 여인들을 그의 아내로 데려 왔기 때문입니다.

많은 이방 여인들은 자신들이 섬기는 고유의 우상들이 존재했고 솔로몬은 이들을 위하여 산당들을 지어주고 예루살렘에서 우상숭배를 허용하였습니다.

심지어 솔로몬 자신도 종교혼합주의자로 전락합니다. 순수했던 하나님의 유일신 신앙에서 떠나 종교혼합주의자로 변질된 것입니다.

이것은 그가 이방의 많은 여인들을 취한 것에서부터 시작합니다. 하나님은 일찍이 모세의 율법에서 이방여인과의 결혼을 금지하셨고 솔로몬은 이를 위반했습니다. 결국 솔로몬의 변질은 하나님의 말씀을 무시하고 위반한데 있습니다. 기원전 1,200년 무렵, 그리스 연합군은 '커다란 목마'를 만들어 트로이 성에 남겨 둡니다. 그 목마안에는 정예병사 100명이 숨어 있습니다.

트로이군은 아무런 경계없이 트로이 목마를 성안으로 끌고 들어 옵니다.

그날 밤, 트로이 성은 승리를 자축하는 잔치가 벌어지고 트로이 병사들은 밤새도록 술을 마시고 깊은 잠에 빠집니다. 그때 목마안에서 때를 기다리던 그리스 병사들이 트로이 성문을 엽니다. 트로이는 그렇게 그리스군에게 함락당했습니다.

솔로몬에게 트로이 목마는 이방의 많은 여인들입니다. 이 여인들이 트로이의 목마가 되어 이스라엘에 우상을 들여 오고 이렇게 들어 온 우상들은 순식간에 이스라엘을 우상숭배의 나라로 타락시킵니다. 우상숭배의 죄악으로 이스라엘은 남북으로 분열됩니다. 이후에 이스라엘의 역사는 길고 긴 우상숭배의 늪에서 빠져 나오지 못합니다. 솔로몬의 종교혼합주의에서 시작된 우상숭배는 남북왕국이 멸망할 때 까지 이르게 됩니다. 종교혼합주의는 신앙의 변질을 이끌고 결국 남북왕국을 타락으로 이끌며 종국에는 멸망에 이르게 했습니다.

1. 솔로몬이 타락하게 된 근본적인 원인들을 정리해 봅시다.

2. 종교혼합주의가 어떤 점에서 잘못된 신앙행위인지를 말해 봅시다(행4:12)?

3. 당신앞에 놓여 있는 '트로이 목마'는 무엇입니까?
신앙의 타협이 왜 믿음을 변질시키는지를 생각해 봅시다.

♡ "다른 이로써는 구원을 받을 수 없나니 천하 사람 중에 구원을 받을 만한 다른 이름을 우리에게 주신 일이 없음이라 하였더라"(행4:12)

12

신앙의 도리를 지킵시다

성경: 왕상 11:9-13, 신명기 17:14-20 / 찬송: 595(나 맡은 본분은)

이스라엘은 신정국가(神政國家)입니다. 신정국가라는 말은 세상적인 국가와는 달리 하나님의 통치를 받는 국가를 말합니다. 신정국가의 의미는 이스라엘의 진정한 왕은 하나님이심을 의미합니다. 신정국가에서는 왕도 하나님의 말씀에 순종해야 합니다. 하나님은 이스라엘 왕들에게 그들이 마땅히 따르고 지켜야 할 왕의 도리를 말씀하셨습니다. 이스라엘에서 왕으로 세워진 자는 그 누구를 불문하고 반드시 하나님의 말씀에 순종해야 합니다.

그러나 솔로몬은 하나님께서 이스라엘 왕에게 주신 '왕의 도리'를 따르지 않고 지키지 않았습니다. 이것이 바로 솔로몬이 타락하게 된 진정한 이유입니다.

1. 솔로몬의 우상숭배

1. 10절에 나오는 '이 일에 대하여'는 무엇을 두고 한 말씀입니까

(왕상11:6-8)?

우상숭배는 하나님께 얼마나 심각한 죄입니까(신6:4; 출20:3-5)?

우상숭배는 유일하신 하나님을 부정하는 행위입니다. 이것은 하나님과의 관계를 근본부터 부정하고 훼손하는 죄악입니다. 우상숭배는 하나님과의 언약관계를 파괴하는 심각한 죄이며(출19:5,6) 하나님의 택함 받은 백성들의 영적인 간음죄입니다.

2. 하나님께서 솔로몬에게 진노하신 까닭은 무엇입니까(왕상11:9)?

3. 솔로몬은 하나님의 말씀에 어떻게 반응하였습니까(왕상11:10b)?

순종과 불순종의 결과는 어떻게 다릅니까(신28:1,2,15,16)?

두 번의 경고에도 불구하고 솔로몬은 잘못된 길에서 자신을 바꾸지 않았습니다. 그는 다윗의 길보다 우상숭배의 길을 택했습니다. 그는 눈에 보이는 이방여인들을 좇고 하나님을 버렸습니다.

2. 왕의 도리

도리란 사람이 마땅히 행하여야 할 바른 길을 말합니다. 하나님은 이스라엘 왕들에게 마땅히 행하여야 할 왕의 도리를 주셨습니다. 이것은 모세를 통하여 주어진 하나님의 명령입니다. 신명기 17:16,17절에는 이스라엘 왕들이 지키고 따라야 할 근본 도리들이 제시되어 있습니다.

1. 이스라엘 왕들의 첫번째 도리는 무엇입니까(신17:16)?
   하나님께서 이스라엘 왕들이 많은 말을 소유하는 것을 금지하신 이유는 무엇입니까(사31:1; 시33:16-19)?

말은 병마를 이루는 군사력의 기초입니다. 말을 많이 소유한다는 것은 곧 군사력의 강화를 의미합니다. 그러나 하나님은 이스라엘 왕들이 많은 말들을 소유하는 것을 금지하셨습니다. 그것은 하나님보다 인간적인 방법들에 더 의존하지 말라는 것입니다. 왜냐하면 하나님께서 친히 이스라엘의 군사력이 되시기 때문입니다(삼상 17:45,47).

❶ 당신들은 세상적이고 인간적인 수단과 방법들보다 하나님을 더 신뢰하고 의지합니까?

2. 이스라엘 왕들에게 명령하신 두 번째 도리는 무엇입니까(신 17:17a)?

왕들은 이웃국가들과 군사적 정치적 동맹을 맺기 위해서 정략적인 목적으로 결혼을 하여 처와 첩의 수를 늘렸습니다. 그러나 하나님은 이스라엘 왕들이 정략결혼을 통해서 국가의 안전을 도모하는 것을 싫어 하셨습니다. 이스라엘 국가의 안전은 하나님을 신뢰하고 믿음으로써 보장되는 것이기 때문입니다.

3. 이스라엘 왕들에게 요구하신 세 번째 도리는 무엇입니까(신 17:17b)?

왕들은 자기 자신을 위하여 지나친 재물을 축척하지 말라는 것입니다. 재물이 많아지면 재물에 마음이 빼앗기게 되고 재물에 대한 욕심이 더 생기게 됩니다. 하나님은 왕들에게 물욕과 탐욕을 경계하도록 말씀하셨습니다. 왕들이 하나님을 의지하기보다 재물을 더 의지하여 변질하게 될 것을 염려하신 것입니다(신32:15).

❶ 재물에 대한 지나친 욕심이 신앙생활에 해로운 이유를 말해 봅시다(딤전6:10, 마6:24).

❷ 경건한 신앙생활을 위하여 우리는 물질에 대하여 어떤 마음 자세를 가져야 합니까(잠30:7-9)?

3. 솔로몬의 도리위반

솔로몬은 이스라엘 왕들에게 주신 3가지 도리를 모두 위반하게 됩니다.
그는 이스라엘 왕들에게 준수하라고 주신 하나님의 말씀을 모두 지키지 않았습니다.

1. 솔로몬은 병마를 얼마나 많이 모았습니까(왕상10:26,28,29)?
   그가 이스라엘의 왕들에게 주신 왕의 도리를 어떻게 위반했는지를 말해 봅시다.

솔로몬은 하나님께서 명령하신 왕에 대한 도리를 무시하고 애굽에서 엄청난 수의 말들을 수입했습니다. 그리고 이 말들을 병거성에 분산 배치시켰습니다. 솔로몬은 하나님을 의지하고 신뢰하기보다 병마에 의존하고 집착했습니다.

2. 솔로몬의 부가 어느 정도였는지를 말해 봅시다(왕상 10:21,23,27)

솔로몬의 부는 이 세상의 어떤 왕들보다 컸습니다. 그는 엄청난 개인재산의 축척과 더불어 사치와 향략도 즐겼습니다(전2:3-11). 이 또한 왕들에 대한 개인적인 은금을 많이 쌓지 말라는 하나님의 말씀을 순종하지 않은 것입니다.

3. 솔로몬은 처와 첩을 얼마나 많이 두었습니까(왕상11:3)?
 수많은 처와 첩이 왜 솔로몬에게 문제가 됩니까(신7:2-4)?

솔로몬은 이방의 많은 나라에서 1,000명이나 되는 처와 첩을 데리고 왔습니다. 이것은 이방결혼을 금지하신 하나님의 명령을 위반하는 것이고 또한 처와 첩을 많이 두지 말라는 하나님의 말씀을 동시에 거역한 행동입니다.

솔로몬은 하나님께서 말씀하신 왕의 3가지 도리에 대하여 전혀 순종하지 않았습니다. 이런 것들을 통하여 왜 솔로몬이 타락하게 되었는지를 알수 있게 됩니다. 솔로몬의 타락은 하나님의 말씀에 순종하지 않고 그가 말씀의 울타리를 넘었다는 데에서 근본원인이 있습니다.

❶ 우리가 기록된 하나님의 말씀을 넘어가지 말아야 하는 까닭은 무엇입니까(고전4:6)

4. 이스라엘 왕들에게 주신 적극적인 명령은 무엇입니까(신 17:18-20)?

하나님은 이스라엘의 왕된 자는 항상 하나님의 말씀을 가까이 해야 함을 명령하셨습니다. 왕은 하나님의 말씀을 읽고 묵상함으로 하나님의 뜻을 깨달아 순종하며 살라는 것입니다. 그리고 말씀에 순종하며 하나님의 언약을 지키며 사는 왕들에게 왕권의 안위를 약속하셨습니다.

❶ 당신은 하나님의 말씀을 얼마나 가까이 하고 계십니까(시1:1-3)?

❷ 당신은 성경을 읽고 묵상하는 시간을 얼마나 자주 가집니까?

정리하며

하나님은 이스라엘 왕들에게 모세의 율법으로 '왕의 도리'라는 규칙을 주셨습니다. 이스라엘 왕들은 말을 많이 가져서는 안되고 지나친 물욕을 경계해야 하며 처와 첩을 많이 두어서도 안됩니다.

왕들이 철저하게 하나님 중심으로 살 것을 교훈합니다. 그러나 솔로몬은 모세의 율법에 기록된 하나님의 경고를 모두 무시해 버렸습니다. 그는 애굽에서 말들을 많이 수입했고 개인재산도 많이 축척했으며 특히 수많은 국가에서 1,000명이나 되는 처와 첩을 두었습니다.

솔로몬은 하나님께서 주신 말씀의 선을 한참 넘었습니다. 결국 그는 세상에 누구도 비교될 수 없는 출중한 지혜를 선물로 받았지만 변질되고 말았습니다. 하나님의 말씀을 벗어난 것이 그의 변질의 근본원인입니다. 왜 하나님께서 이스라엘 열왕들에게 다윗의 길을 제시하셨는지를 이해할 수 있습니다.

그것은 성공적인 지도자는 하나님의 말씀안에 거하고 언약안에 거하는 자입니다.

1. 솔로몬이 왜 타락하게 되었는지를 정리해 봅시다.

2. 말씀안에 거하는 삶이 왜 성공적이고 형통한 삶의 바탕이 되는지를 말해 봅시다(시119:11; 요15:4).

"형제들아 내가 너희를 위하여 이 일에 나와 아볼로를 들어서 본을 보였으니 이는 너희로 하여금 기록된 말씀 밖으로 넘어가지 말라 한 것을 우리에게서 배워 서로 대적하여 교만한 마음을 가지지 말게 하려 함이라"(고전4:6)

13

복과 번영은 하나님의 언약 안에서 찾읍시다

성경: 열왕기상 11:14-40 / 찬송: 278(여러 해 동안 주 떠나)

솔로몬이 하나님의 언약을 떠나 배교하며 우상숭배를 합니다. 그러자 하나님은 솔로몬의 대적자들을 하나씩 일으키십니다. 솔로몬의 대적자들의 출현은 우연히 일어난 것이 아닙니다. 그것은 바로 솔로몬 자신이 하나님을 버리고 언약의 말씀을 떠났기 때문입니다. 그의 통치초기에는 평화롭고 나라가 안정을 누렸습니다. 그러나 하나님은 솔로몬의 배교로 통일왕국을 남북으로 분열하셨습니다. 그리고 이스라엘의 10지파를 솔로몬의 신하 여로보암에게 줍니다.

1. 하나님의 징계

1. 하나님께서 솔로몬에게 심판의 징계를 내리십니다. 심판에 대한 이유는 무엇입니까(왕상11:11)?

솔로몬 왕국의 복과 번영은 하나님의 언약안에 주어진 것입니다. 그런데 솔로몬은 하나님의 언약을 져 버리고 하나님의 말씀과 계명들을 무시하고 종교혼합주의로 변질되고 타락했습니다.

2. 솔로몬의 죄악에 대하여 내려진 하나님의 심판은 무엇입니까
(왕상11:11,14,23,26)?

하나님은 솔로몬의 배교 때문에 통일왕국을 찢어 둘로 나누시고 10지파를 솔로몬의 신하 여로보암에게 주셨습니다. 통일왕국의 분열은 솔로몬의 우상숭배 때문입니다.

3. 하나님께서 솔로몬 왕국을 완전히 파멸시키지 않으신 까닭은
무엇입니까(왕상11:12,13; 창19:29; 49:10)?

하나님은 다윗에게 주신 약속 때문에 솔로몬 왕국을 완전히 멸하시지 않으셨습니다(삼하7:16).

2. 대적자들

1. 누가 솔로몬의 대적자들을 일으켰습니까(왕상11:14,23,26)?

하나님은 당신의 택한 백성들이 언약을 떠나 변질되어 타락한 삶을 살게 될 때 마땅한 징계의 도구를 일으키셔서 그 백성들을 심판하십니다.

2. 솔로몬의 대적자들은 어느 시기에 출현했습니까(왕상11:14, 23; 삼하7:14,15)?
평화롭고 번영했던 솔로몬의 통치초기와 비교해 봅시다(왕상 4:25).

솔로몬의 대적자들이 출현한 시기는 그가 하나님의 언약을 떠나 변질되고 타락하여 우상숭배에 빠져있던 시기였습니다. 솔로몬의 대적자들의 출현은 우연한 사건이 아닙니다. 그것은 솔로몬이 하나님을 떠난 것에 대한 하나님의 징계와 심판의 매였던 것입니다.

3. 사람의 화평과 평안까지도 주관하시는 하나님에 대해 생각해 봅시다(잠 16:7; 욥5:8,9,23).

3. 인생채찍

1. 선지자 아히야가 자신의 새 옷을 열두 조각으로 찢어 여로보암에게 준 까닭은 무엇입니까(왕상11:30,31)?

새 옷은 통일왕국이 오래되지 않은 신생왕국임을 의미합니다. 찢어진 새 옷은 장차 통일왕국이 분열이 될 것을 상징합니다.

2. 통일왕국이 분열된 근본적인 원인을 정리해 봅시다(왕상 11:33).

왕국이 분열된 근본적인 이유는 첫째로 이들이 하나님을 버렸습니다.

둘째는 이방의 온갖 우상들을 숭배했습니다.

3. 하나님께서 여로보암에게 주신 약속은 무엇입니까(왕상 11:37,38)?
여로보암 왕국의 번영의 조건은 무엇입니까(왕상11:38a)?

여로보암도 하나님의 말씀에 순종하고 언약에 충실하게 살면 그의 왕권을 견고하게 해 주시겠다는 약속이 있었습니다. 하나님의 말씀에 순종하며 사는 자에게는 누구에게나 형통의 은혜를 약속하시는 하나님이십니다.

정리하며

다윗은 솔로몬에게 하나님의 말씀에 순종하고 언약안에 머물라고 유언을 했습니다. 솔로몬이 하나님의 말씀에 순종하는 한 형통하고 복될 것이라 말했습니다. 그러나 솔로몬은 하나님을 버리고 언약을 배반했습니다. 그는 이방의 많은 여인들을 따라 우상숭배의 길로 가고 맙니다. 그의 우상숭배의 길은 곧 왕국의 쇠퇴의 길이요 왕국이 멸망하는 길이었습니다.

하나님은 솔로몬의 배교를 심판하시기 위해 대적자들을 일으키셨습니다. 솔로몬의 대적자들은 솔로몬의 죄악을 징계하시기 위한 하나님의 막대기들이었습니다. 하나님께 순종으로 흥왕하고 부강했던 통일왕국은 솔로몬의 불순종과 배교로 말미암아 쇠퇴하고 분열과 멸망의 길로 들어서게 되었습니다.

1. 솔로몬의 대적자들이 왜 출현하게 되었는지를 그 이유를 정리해 봅시다.

2. 우리의 참된 평안과 형통이 왜 하나님의 언약안에 있는지를 말해 봅시다(왕상11:14,23,26; 잠16:7).

♡ "이스라엘이여 너는 행복한 사람이로다 여호와의 구원을 너 같이 얻은 백성이 누구냐 그는 너를 돕는 방패시요 네 영광의 칼이시로다 네 대적이 네게 복종하리니 네가 그들의 높은 곳을 밟으리로다"(신 33:29)

14

섬기는 지도자가 됩시다

성경: 열왕기상 12:1-16 / 찬송: 458(너희 마음에 슬픔이 가득할 때)

솔로몬이 죽은 후 그의 아들 르호보암이 아버지의 왕위를 물려 받게 됩니다.

이스라엘 모든 지파는 세겜에 모여 르호보암을 왕으로 추대하고자 합니다. 그런데 이들이 르호보암을 왕으로 추대하기 전에 한가지 제안을 합니다. 그것은 솔로몬 시대에 행해졌던 엄청난 양의 노역과 세금들에서 가볍게 해 달라는 요구였습니다.

그러나 르호보암은 원로들의 좋은 조언을 버리고 젊은 참모들의 잘못된 조언을 따름으로 통일왕국이 분열이 되는 불행한 길을 가게 됩니다.

이스라엘이 남북으로 분열이 되는 결정적인 이유는 르호보암의 잘못된 판단이 아닙니다. 그것은 그의 아버지 솔로몬의 우상숭배와 배교에 따른 죄악의 결과였습니다.

하나님은 솔로몬의 죄악 때문에 르호보암의 지혜의 눈을 가리셨습니다.

1. 세겜 회의

1. 솔로몬이 죽은 후 온 이스라엘이 세겜에 모인 이유는 무엇입니까(왕상12:1)?
   이들이 르호보암에게 요청한 것은 무엇입니까(왕상12:4)?

온 이스라엘이 세겜에 모인 이유는 르호보암을 왕으로 추대하기 위함입니다.
그러나 이들은 르호보암에게 한가지 요청을 합니다. 그것은 솔로몬 시대에 부과되었던 과중한 세금과 부역에서 경감해 달라는 요청이었습니다.

2. 르호보암은 백성들의 요구에 대하여 누구와 의논하였습니까(왕상12:6)?
   교회나 모든 공동체에서 원로들의 의견을 존중해야 하는 까닭을 말해 봅시다(레19:32).

원로들은 오랜 정치적 연륜을 가진 사람들입니다. 이들은 국정통치에 대한 풍부한 경험을 가지고 있으며 백성들의 마음을 누구보다 잘 아는 사람들입니다. 그러기에 르호보암은 이들의 의견을 존중해야 합니다.

❶ 당신은 원로들이나 부모님의 의견을 얼마나 존중하며 귀를 기울입니까(잠1:8,9)?

3. 원로들이 르호보암에게 제시한 조언은 무엇입니까(왕상12:7)?

원로들은 르호보암에게 두가지를 조언합니다.
첫째, 왕은 백성들을 섬기는 자가 되어야 한다.
둘째, 왕은 백성들의 요구에 친절하고 부드럽게 대답해야 한다.

❶ 예수님께서 이 땅에 오신 목적은 무엇입니까(마20:28)?

❷ 당신은 지도자가 되었을 때 어떤 리더가 되기를 원하십니까?

좋은 지도자는 상대방을 존중하고 상대방의 입장에서 생각하는 사람입니다. 백성들의 고민에 대해 깊이 고려하고 그들의 입장에서 생각해야 합니다.

2. 르호보암의 선택

1. 르호보암은 원로들의 조언을 듣고 어떻게 반응하였습니까(왕상12:8)?

르호보암은 '섬김'과 '친절'을 권하는 원로들의 조언을 거부했습니다. 그는 백성들 위에서 군림하고 지배하고자 했습니다.

2. 르호보암이 추종한 자문단은 어떤 자들입니까(왕상12:8,9)?

젊은 조언자들은 국정에 대한 경험도 없고 통치에 미숙한 사람들입니다. 이들은 르호보암과 함께 자란 자들이며 섬김이 무엇인지

알지 못하는 자들입니다.

3. 젊은 조언자들이 르호보암에게 조언한 것은 무엇입니까(왕상 12:10,11)?

이들은 왕에게 백성들을 가혹하게 다루라고 조언했습니다. 왕은 백성들을 권력으로 억압하고 군림해야 한다고 조언했습니다. 젊은 조언자들은 르호보암에게 '섬기는 종'의 통치자 보다는 '지배하고 군림'하는 권력중심의 통치를 조언했습니다.

3. 왕국 분열

1. 르호보암은 백성들에게 어떻게 대답했습니까(왕상12:13)?

'포학한'이라는 말은 히브리어 '카솨'에서 유래한 말입니다. '고집스럽고 완고한(stubborn)'이라는 의미를 가집니다. 이 말은 르호보암의 자세가 고집이 센 황소처럼 완고함을 의미합니다. 르호보암은 백성들에게 거칠고 고압적인 태도로 대답을 했습니다.

2. 르호보암의 대답을 들은 백성들의 반응은 어떠합니까(왕상 12:16b)?

르호보암의 대답을 들은 백성들은 즉각적으로 반발했습니다. 그것은 자신들의 요구에 대해 왕이 거칠고 무례하게 대답했기 때문입니다. 왕이 자신들의 입장을 조금도 배려하지 않고 무시했기 때문입니다.

❶ 우리가 왜 상대방의 말에 귀를 기울이고 그의 입장을 존중하며 배려해야 합니까(잠15:1)?

3. 백성들이 다윗왕조에 반발하고 결별하는 이러한 일들이 일어나게 된 성경적인 배경과 원인은 무엇입니까(왕상12:15, 왕상 11:9-12; 29-36)?

르호보암의 시대에 백성들이 분열되고 왕국이 남북으로 찢어지는 아픔이 일어난 것은 근본적으로 솔로몬의 우상숭배에 따른 죄악 때문입니다.

이것은 르호보암의 잘못이라기보다는 근본적으로 그의 아버지 솔로몬이 하나님을 배반하고 우상숭배의 죄악에 빠진 것에 대한 하나님의 심판의 결과였습니다. 하나님은 르호보암이 백성들에게 잘못된 판단과 선택을 하도록 그의 이성과 지혜를 닫으셨습니다. 이것이 하나님의 무서운 심판입니다.

❶ 우리가 하나님을 잘 경외해야 하는 이유를 말해 봅시다(출 20:5,6).

정리하며

이스라엘의 통일왕국이 남북으로 분열이 된 여러 가지 이유는... (1)르호보암은 백성들의 요구를 듣지 않았습니다. 르호보암은 백성들에게 그들의 의견을 듣고자 하는 호의적인 귀를 가지지 않았습니다. (2)르호보암은 잘못된 통치철학을 가졌습니다. 그는 백성들을 섬기고 친절하게 대하라는 원로들의 조언을 무시했습니다. 그리고는 자신과 함께 자라난 젊은 지도자들의 조언을 따라 백성들에게 거칠고 무례하며 고압적인 자세로 대답을 했습니다. 그것은 그가 백성들을 섬기는 지도자가 아니라 군림하고 지배하는 통치철학을 가졌기 때문입니다. (3)이스라엘 왕국이 분열되는 결정적인 이유는 그의 아버지 솔로몬의 배교와 우상숭배의 죄입니다. 사실 이것이 통일왕국이 분열되는 가장 중요한 이유입니다. 부모의 잘못된 배교의 죄악이 아들에게 영향을 준다는 것을 성경은 우리들에게 알려 줍니다.

1. 솔로몬의 통일왕국이 르호보암 시대에 와서 남북왕국으로 분열되는 이유들을 정리해 봅시다.

2. 당신들은 다른 사람들의 말에 얼마나 귀를 기울이는 사람입니까?
   당신은 다른 사람들을 얼마나 배려하고 그들을 존중합니까?

3. 좋은 지도자는 어떤 지도자인지를 말해 봅시다(막10:45).

♡ "인자가 온 것은 섬김을 받으려 함이 아니라 도리어 섬기려 하고 자기 목숨을 많은 사람의 대속물로 주려 함이니라"(막10:45)

15

하나님을 절대 신뢰합시다

성경: 열왕기상 11:35-12: 33 / 찬송: 278(여러해 동안 주 떠나)

솔로몬의 우상숭배의 죄와 타락으로 통일왕국은 그의 아들 르호보암시대에 남북으로 분열이 됩니다. 다윗의 가문은 남유다로 존속합니다. 그리고 나머지 10지파는 북이스라엘이라는 새로운 왕국을 창건합니다.

이 새로운 북쪽 이스라엘의 초대왕이 여로보암입니다. 그는 솔로몬의 신하였고 북왕국의 초대왕으로 하나님의 선택을 받습니다.

하나님은 여로보암에게도 말씀을 순종하면 그의 왕권을 보장하시겠다는 약속을 주셨습니다. 그러나 여로보암은 하나님의 말씀을 신뢰하지 못하고 불안과 두려움의 노예가 되어 자신의 인간적인 방법에 의존하다가 스스로 자멸하고 맙니다.

1. 북이스라엘 초대왕

1. 여로보암은 어떤 인물입니까(왕상11:26,40).

여로보암은 남북으로 분열된 북이스라엘의 초대 왕입니다. 그는 에브라임 사람이고 세겜출신입니다. 그의 아버지는 느밧이며 22년 동안 왕위에 있었습니다(왕상14:20). 그의 통치기간은 B.C. 930-909년입니다.

2. 여로보암은 어떻게 북이스라엘의 초대왕이 됩니까(왕상11:35)?

여로보암이 북이스라엘의 왕이 된 것은 하나님의 일방적인 주권에 의한 것입니다. 여로보암은 하나님에 의해 선택된 것일 뿐입니다. 여로보암이 북이스라엘의 왕이 된 것은 자신의 힘이나 인간적은 노력으로 된 것이 아닙니다.

3. 하나님은 여로보암에게 어떤 약속을 주셨습니까(왕상11:38)? 여로보암이 자신의 왕권 보장을 위해 가장 우선시 해야 할 것이 무엇이었습니까(왕상11:38)?

하나님은 여로보암에게도 다윗에게 주셨던 약속처럼 하나님의 명령과 계명에 순종하면 그의 왕권은 견고해 질 것이라는 약속을 주셨습니다.

❶ 여로보암 왕권의 안녕과 하나님의 약속의 관계에 대해 생각해 봅시다(신 28:1,2; 15,16).

2. 여로보암의 불신

1. 여로보암이 염려하고 불안해 한 것은 무엇입니까(왕상12:26)?

이스라엘 백성들은 절기에 예루살렘을 찾아 하나님께 제사를 드립니다.
여로보암이 두려워 하는 것은 절기에 북이스라엘 백성들이 유다에 속한 예루살렘을 찾아 제사를 드리다가 다시 솔로몬의 아들 르호보암에게로 돌아서는 것입니다. 여로보암은 북이스라엘 백성들이 자신을 버리고 다시 주군인 르호보암에게로 돌아설 것을 두려워 하였습니다. 그래서 그는 백성들이 예루살렘으로 가서 하나님께 제사하는 것을 싫어하였습니다.

2. 그가 마음속으로 어느정도 불안하고 두려워하고 있습니까(왕상12:27)?

여로보암은 하나님의 약속을 신뢰하고 붙들기 보다는 자신의 마음속에 일어나는 막연한 두려움에 사로잡혔습니다. 백성들이 자신을 버리고 다시 르호보암에게로 돌아 설 것이라는 막연한 두려움과 불안이었습니다. 그리고 이 막연한 두려움과 불안으로 돌이킬 수 없는 죄악을 저지르고 맙니다. 그가 하나님의 약속을 붙들고 믿음으로 나아갔더라면 그러한 중대한 잘못을 범하지 않았을 것입니다.

3. 성경은 마음속의 염려에 대해 무엇이라 말씀하십니까(마6:27,34; 빌4:6)?

4. 여로보암은 불안과 두려움의 노예가 되어 버립니다. 그가 자신의 정권을 지키기 위해 생각해 낸 인간적인 꾀는 무엇입니까(왕상12:28)?

여로보암은 북이스라엘에 금송아지 우상을 만들어 벧엘과 단에 세웠습니다. 그리고 백성들이 더 이상 예루살렘을 찾지 말고 벧엘과 단에서 금송아지 우상에게 제사할 것을 강요하였습니다. 그러나 이것은 명백한 우상숭배의 죄입니다. 여로보암은 자신의 정권을 지키기 위하여 망령된 종교제도를 만들어 냈고 이것은 결국 그가 하나님께 버림받고 심판받는 결정적인 죄가 됩니다.

❶ 하나님을 신뢰하지 않는 사람들이 주로 의존하는 방법은 무엇입니까(창4:16,17)?

❷ 불안과 두려움에 사로잡히면 종종 '실수'를 하거나 넘어지게 됩니다. 그런 경험이 있다면 나누어 봅시다.

3. 여로보암의 신앙

1. 여로보암이 황금 송아지를 세운 유일한 목적은 무엇입니까(왕상12:28)?

   그가 얼마나 망령된 자였는지를 생각해 봅시다(히12:16).

여로보암이 황금 송아지를 벧엘과 단에 세운 목적은 단 한가지입니다.

그것은 자신의 정권의 안정을 위해서였습니다. 백성들이 예루살렘으로 가서 제사드리는 것을 막고 민심이 혹시나 르호보암에게 돌아 설 것을 방지하는 것이었습니다. 그는 우상숭배에 대해서는 전혀 생각하지도 않는 망령된 자였습니다. 여로보암에게 중요한 것은 '여호와 신앙'이 아니라 '정권의 안정'이었습니다.

2. 여로보암에게 하나님을 믿는 믿음과 신앙이란 어떤 의미를 가집니까?

여로보암에게 중요한 것은 하나님에 대한 믿음과 신앙이 아닙니다. 그에게 중요한 것은 자신의 정권이고 정치였습니다. 그는 정권을 유지하기 위해서는 얼마든지 하나님께 사악한 행위나 우상숭배와 배교까지 서슴지 않게 행했습니다. 여로보암에게 하나님을 믿는 신앙은 자신의 인간적 유익을 얻기 위한 수단에 불과했습니다.

❶ 당신에게 하나님을 믿는 믿음이란 어떤 의미를 가집니까(요 6:26)?

3. 여로보암은 하나님께서 정하신 종교제도를 어떻게 훼손했습니까(왕상12:31-33; 신12:5,6)?

여로보암은 오로지 자신의 정권의 안정만을 위하여 온갖 사악한 행위를 삼가지 않았습니다. 그것은 그의 목적은 오직 자신의 정치적 유익이지 하나님이 아니라는 것을 명백하게 보여준 것입니다. 그러나 그는 이것 때문에 하나님께 버림받고 자신의 가문이 멸절되며 그가 그렇게 지키고 싶어 하던 정권마저도 무너지고 맙니다. 아이러니컬하게도 그의 정권이 무너진 것은 그가 계획하고 고안해 낸 타락한 그의 '금송아지 우상' 때문이었습니다.

정리하며

하나님은 분명하게 여로보암에게도 약속을 주시며 여로보암이 말씀에 순종하고 언약에 충실하면 그의 정권의 안정을 보장해 주시겠다고 약속하셨습니다. 그러나 여로보암은 하나님을 신뢰하지 않았습니다. 그는 백성들이 절기에 예루살렘에 가서 제사를 드리며 다시 르호보암에게로 돌아갈 것을 극도로 두려워하거나 불안해 했습니다. 결국 그는 백성들이 예루살렘으로 가서 제사를 드리는 것을 막고자 황금 송아지를 만들어 벧엘과 단에 세우게 되고 우상숭배의 길을 열고 맙니다. 그의 정권의 안정이 하나님께 있다는 사실도 깨닫지 못하고 오히려 그는 금송아지 우상을 만들어 우상숭배하므로 정권의 보장이신 하나님을 스스로 떠나 버리고 말았습니다. 우리는 눈에 보이는 현실에 믿음을 잃지 말고 하나님의 말씀을 붙들고 그 분의 약속을 굳게 신뢰해야 합니다.

1. 여로보암이 자신의 정권의 안정을 위해 취한 방법은 무엇입니까?

2. 여로보암이 왜 자멸하게 되었습니까? 그 이유를 설명해 봅시다.

3. 당신은 어떠한 상황에도 불구하고 하나님의 신실하신 말씀을 붙들고 신뢰하는 사람이 될수 있습니까(마14:30)?

♡ "오직 믿음으로 구하고 조금도 의심하지 말라 의심하는 자는 마치 바람에 밀려 요동하는 바다 물결 같으니"(약1:6)

이 책을 마치면서

주님께 드리고 싶은 글

망망한 바다 한가운데서 배 한 척이 침몰하게 되었습니다.
모두들 구명보트에 옮겨 탔지만 한 사람이 보이지 않았습니다.
절박한 표정으로 안절부절 못하던 성난 무리 앞에 급히 달려 나온 그 선원이
꼭 쥐고 있던 손바닥을 펴 보이며 말했습니다.
"모두들 나침반을 잊고 나왔기에 … "
분명, 나침반이 없었다면 그들은 끝없이 바다 위를 표류할 수 밖에 없을 것입니다.

우리는 삶의 바다를 항해하는 모든 이들을 위하여
그 나침반의 역할을 하고 싶습니다.
우리를 구원하신 위대한 주 예수 그리스도를 널리 전하고 싶습니다.

"하나님은 모든 사람이 구원을 받으며
진리를 아는 데에 이르기를 원하시느니라"
(디모데전서 2장 4절)

하나님 약속에 합당한 사람(열왕기상 1부)

지은이 | 나종원 목사
발행인 | 김용호
발행처 | 나침반출판사

제1판 발행 | 2016년 7월 1일

등 록 | 1980년 3월 18일 / 제 2-32호
주 소 | 07547 서울특별시 강서구 양천로 583
블루나인 비즈니스센터 B동 1607호
전 화 | 본사 (02) 2279-6321 / 영업부 (031) 932-3205
팩 스 | 본사 (02) 2275-6003 / 영업부 (031) 932-3207
홈 피 | www.nabook.net
이메일 | nabook@korea.com / nabook@nabook.net

ISBN 978-89-318-1516-0
책번호 다-1129

값은 뒷표지에 있습니다.